生き活き改善活動 あれこれ27か条

13の実践ワークシート と 8つのExcel解析

今里健一郎・佐野智子 [著]

日科技連

- **商標、登録商標**
  ― Microsoft、Excel は、米 Microsoft 社の登録商標です。
  ― その他、本文中の社名・製品名はそれぞれの会社の商標または登録商標です。本書中では、TM、Ⓡ マークは明記しておりません。
- **免責事項**
  ― 本書に記載されている手順などの実行の結果、万一障害などが発生しても、著者および日科技連出版社は一切の責任は負いません。お客様の責任のもとでご利用ください。
  ― 本書に記載されている情報は、特に断りのない限り、2011 年 6 月 30 日現在のものです。それぞれの内容につきましては、予告なく変更されている場合があります。

はじめに

「みなさん！　改善活動やっていますか？」とお聞きしますと、「もちろん、がんばっています」という声に混じって、「やらなきゃいけないことはわかっているんだが、日常業務が忙しくて改善活動なんてやっている暇はないんだ」などと本音の声も時折聞こえてきます。

でも、どうせやらなきゃいけないのであれば、思い切ってやってみませんか？　とことんやることで自分に納得でき、満足のいく活動になると共に、周りの人たちを巻き込み、上司を振り向かせることによって、さらに大きな活動につながっていきます。

そんなとき、楽しく、効率的に活動を進めるヒントがあれば役に立つのでは、との思いから、27の改善活動の進め方のポイントをまとめ、タイトルを『生き活き改善活動あれこれ27か条』としてみました。

紹介している内容は、品質月間委員会発行の『生き活き改善活動あれこれ21か条』（品質月間テキストNo.341）をベースに条項を増やし、より具体的な解説を各条項に加え、27か条にまとめてみました。電車の中でも、自宅でくつろいでいるときでも、どこでも気軽に眺められるよう図解中心に書いてあります。もちろん職場で改善活動を行っているときに参考となるよう、13の「実践ワークシート」と8つの「Excel解析（Excel 2007、2010版）」を紹介しています。

改善活動を行うメンバーの方々には、活動を進めるうえで行き詰ったときのガイドブックとして、また活動を支援される管理者の方々には、活動指導マニュアルとしてご活用いただければと思っています。

本書の出版に際し、企画を強力に進めていただいた株式会社日科技連出版社戸羽節文氏をはじめ、多くの方々のご尽力およびご意見をいただきましたことお礼申し上げます。

さらに本書をご覧いただき、「なるほど、一度ためしてみよう！」、「そうか、こうすればいいのか！」などと思っていただけましたら、私たちにとってこれほどうれしいことはありません。そのうえで、本書へのご意見などいただけましたら幸いでございます。

　2011年6月

今里健一郎・佐野智子

目　　次

はじめに……………………………………………………………………… iii

第 1 章　楽しく効率よく活動を進めるための 9 か条 …………… 1

　第 1 条　日常業務をキッチリとやっていればいいのでは？　　2
　　　　　〈みかんの話〉　　3
　第 2 条　自転車に乗れば世界一周も夢でない　　6
　　　　　〈くっつける話〉　　7
　第 3 条　あなた、自ら何か改善やっていますか　　10
　　　　　〈上司の話〉　　11
　第 4 条　改善って、義務？　それとも権利？　　14
　　　　　〈言い訳の話〉　　15
　第 5 条　改善活動は、参加者の技術を最大公約数にします　　18
　　　　　〈業務力アップの話〉　　19
　第 6 条　中途半端な改善は負担感ばかり、とことんやれば達成感に変わる　　22
　　　　　〈手間ひまの話〉　　23
　第 7 条　見える化とは現場、現物、現実から情報を得ることである　　26
　　　　　〈背中の話〉　　27
　第 8 条　グラフや図があなたに語りかけるものはなにか　　30
　　　　　〈体重の話〉　　31
　第 9 条　パレート図 1 枚書くのに 30 分、これではやる気が失せてしまう　　34
　　　　　〈こだわりの話〉　　35
　コラム 1 　ある春の日、自宅を出てみると　　38

第 2 章　問題に気づき、真の原因を見える化する 9 か条 ……… 39

　第10条　現状とあるべき姿の差が問題　　40

〈「似合う」の話〉　41

第11条　仕事の結果にばらつき、手直し、負担を感じたら　44
　　　　〈変える話〉　45

第12条　見えないものにうまいものあり、掘り起こしてみませんか　48
　　　　〈休日の話〉　49

第13条　鳥の目、虫の目、魚の目で問題を見つめてみよう　52
　　　　〈コンビニの話〉　53

第14条　手法は使うもの、使われるものではない　56
　　　　〈目的の話〉　57

第15条　目標値は数値で決めた方が、誤解が生じない　60
　　　　〈「がんばり度」の話〉　61

第16条　サスペンスドラマ、何時まで見ますか　64
　　　　〈こだわりの話　その2〉　65

第17条　目的に合わせて連関図、特性要因図、FT図を使い分けてみよう　68
　　　　〈時計の話〉　69

第18条　ばらつきに着目するとロスが見えてくる　72
　　　　〈疲労感の話〉　73

コラム2　少し離れて気づくこと　76

第3章　職場で息づいているよい対策に結びつける9か条 …… 77

第19条　ヒントだけでいいアイデアは浮かびません　78
　　　　〈ひらめきの話〉　79

第20条　人の意見に悪乗りしてみよう　82
　　　　〈まねる話〉　83

第21条　今は不要となった作業をやめてみるという発想から　86
　　　　〈凸凹の話〉　87

第22条　プランを立てたらやってみよう、文句はそれから　90
　　　　〈異動の話〉　91

第23条　見せかけの効果にだまされないように、何がよくなったのか　94
　　　　〈言葉の話〉　95
第24条　楽しませるプレゼンテーションがうける　98
　　　　〈はじめての話〉　99
第25条　改善事例発表会で、何か発言していますか　102
　　　　〈上司の話　その2〉　103
第26条　使いにくいマニュアルなら作らない方がいい　106
　　　　〈マニュアルの話〉　107
第27条　本当の改善は1年後に職場で息づいていること　110
　　　　〈感謝の話〉　111
　コラム3　前を向いて歩く　114

付録　実践ワークシート ……………………………………………… 115
　付録1.　実践ワークシート1「問題解決ワークシート」　116
　付録2.　実践ワークシート2「日常業務問題発見ワークシート」　117
　付録3.　実践ワークシート3「工程問題発見FMEAワークシート」　118
　付録4.　実践ワークシート4「ISO 9001指摘問題発見ワークシート」　119
　付録5.　実践ワークシート5「お客様視点問題発見ワークシート」　120
　付録6.　実践ワークシート6「業務特性値設定ワークシート」　121
　付録7.　実践ワークシート7「原因追求FTワークシート」　122
　付録8.　実践ワークシート8「チェックリスト法発想ワークシート」　123
　付録9.　実践ワークシート9「焦点法発想ワークシート」　124
　付録10.　実践ワークシート10「議論発想ワークシート」　125
　付録11.　実践ワークシート11「工程分析ワークシート」　126
　付録12.　実践ワークシート12「対策PDCAワークシート」　127
　付録13.　実践ワークシート13「アンケート解析ワークシート」　128

参考文献 ……………………………………………………………………… 129

viii　目　次

　索　引……………………………………………………………………… 131

■実践ワークシート活用の例示

1.「問題解決ワークシート」で問題解決を効率よく進めてみよう　　12
2.「日常業務問題発見ワークシート」で問題を探してみよう　　42
3.「工程問題発見 FMEA ワークシート」で工程の問題を探してみよう　　46
4.「ISO 9001 指摘問題発見ワークシート」で問題を探してみよう　　50
5.「お客様視点問題発見ワークシート」で問題を探してみよう　　51
6.「業務特性値設定ワークシート」で事務業務を数値化してみよう　　63
7.「原因追求 FT ワークシート」で原因を考えてみよう　　70
8.「チェックリスト法発想ワークシート」でアイデアを出してみよう　　80
9.「焦点法発想ワークシート」でアイデアを出してみよう　　81
10.「議論発想ワークシート」でみんなでアイデアを育ててみよう　　84
11.「工程分析ワークシート」で効率化を検討してみよう　　88
12.「対策 PDCA ワークシート」でよい対策に仕上げてみよう　　92
13.「アンケート解析ワークシート」でイメージを評価してみよう　　112

■Excel 解析

Excel 解析 1.「クロス集計表」　　24
Excel 解析 2.「パレート図(その 1)」　　32
Excel 解析 3.「パレート図(その 2)」　　36
Excel 解析 4.「散布図」　　54
Excel 解析 5.「層別散布図」　　58
Excel 解析 6.「分散分析」　　67
Excel 解析 7.「ヒストグラム」　　74
Excel 解析 8.「重回帰分析」　　96

第1章

楽しく効率よく活動を進めるための9か条

第1条　日常業務をキッチリとやっていればいいのでは？

新入社員のころ「人材」だったあなた、今は「人在」です。

しかし、今までのように与えられた仕事だけをやっていたのでは、あなたは取り残されます。

規制緩和や、自由化が拡大していく一方、わがままなお客様に付き合っていかなければなりません。

これからの皆さんは、「人在」から「人財」に自ら変わることが望まれます。

「人財」になるためには、与えられた仕事をこなすだけでなく、職場の問題や会社の課題を自ら探し出し、改善することが必要です。

これからは「適材適所」ではなく、「適所適材」になってくるでしょう。

自らの改善が、あなたを「人財」にします。

あなた、まさか、「人罪」ではないでしょうね。

あなたは、どの「じんざい」ですか？

「じんざい」にもいろいろあるんだ！

◎ 維持と改善それに挑戦が、人を育て企業の発展につながる

　企業は、よい品質を提供するため、標準にもとづいて日々仕事を進めていきます。この活動を維持活動といい、管理レベルが保たれます。

　問題が発生すれば、その原因を追求して再発防止を施します。この活動を改善活動といい、低下した管理レベルを引き上げます。

　さらに企業を発展させるためには、ビジョンにもとづき課題を達成していきます。この活動を挑戦活動といい、新しい分野への進出に繋がります。

　企業が発展するには、「維持」、「改善」、「挑戦」が不可欠であり、これらの活動を自ら行うことによって、新入社員のころ「人材」だった人が、「人在」に成長していきます。多くの人たちはこの"じんざい"です。

　さらに、この人たちの中に、自ら問題や課題に取り組む人が出てきます。この人たちが企業を大きくする「人財」であり、企業が期待している"じんざい"です。しかし、文句はいうが、自分で何もしない「人罪」なる人も企業に数％生息しています。ところで、あなたはどの"じんざい"ですか。

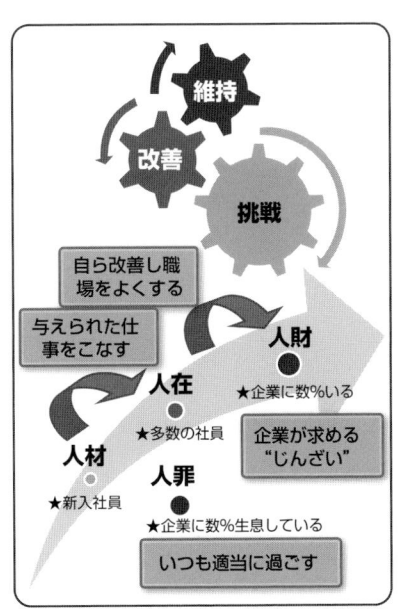

～　みかんの話　～

　くだもの屋さんの「みかん」、一つで値段がつくものもあれば、一山いくらで売られるものもある。あなたはどちらを選びますか。

　一つのみかんに値段をつけてほしいなら、それだけの価値がなくちゃダメ。そこは需要と供給のバランス。みかん一つにこれだけの代金を支払って欲しいと思ってもらえなければ、一山いくらにもなれずに「おまけ」になってしまいかねない。その価値は誰かがつけるものではなく、自分で創るものです。

◎「気づき」、「考え」、「行動する」で問題を解決する

　仕事をよい状態にするには、まず問題に気づくことです。そして、問題の原因を明らかにします。そのために、問題の実態からデータを取り、解析を行って原因を探します。原因が見えたら、その原因を打開する対策の仮説を立て、検証を行い、よい対策に仕上げていきます。つまり、問題を解決するには、「気づき」、「考え」、「行動する」で取り組みます。

Step 1.「気づき」とは比較すること

　「『3』は大きいのか？ 小さいのか？」の答えは考え込んでしまいます。しかし、『1』と比較してみると『3』は大きい。『5』と比較してみると『3』は小さい。このように何かと比較してみると答えることができます。

　問題も同じです。現状を何かと比較すると、問題に気づくことができます。比較するものは「目標値」や「他社や他所」、「過去の実績値」などがあり、これらのものと現状とを比較することによって、問題に気づくことができます。このとき、バランス(強み弱み)、トレンド(時間的変化)、ポジション(位置)で見るといろいろなことがわかります。

Step 2.「考え」とは層別すること

　「『5』は何と何(□＋□)を足したものか？」、この問いの答えは、3＋2、1＋4……と無数にあります。

　まずは「鳥の目」で全体を見渡し、どこに焦点を当てればよいのかを検討します。このとき、問題を現象別・装置別などで層別し、その結果をグラフ化したり図化することで、ウエイトが大きなものに注目します。これが重要な問題点です。

　次に、「虫の目」でこの重要な問題点を発生させているプロセスに着目します。問題を発生させているプロセスとは、従事する人の能力や意識、仕事のやり方、仕事をサポートする機械のシステムがこれに当たります。このプロセスから問題点を引き起こしている原因を突き止めます。

　また、他に関連する問題がないか「魚の目」で眺めてみます。

　単独では問題とならなくても、お客様のニーズが変わったり、規制緩和、法

規制の改定などから自分たちの仕事を評価してみると、問題となってくることがあります。

Step 3.「行動する」とは工夫すること

Step 2でしっかりと原因を考えれば、自ずと「こうすればいいのではないか」ということが浮かんできます。これが「仮説」です。この仮説を「検証」し、問題点があれば「改良」を加え、よい対策に仕上げていきます。

アイデアを発想するとき、「『1』+『1』はいくつ?」の答えは『2』ですが、そこに新たな発想が加わり、『3』になることがあります。「あれとこれとをくっつけてみる」ことで新たな発想が生まれてきます。また、他で行っているよい事例を研究し、ノウハウをつかむことができれば、そのノウハウから自分たちにとって必要なアイデアを考え出すことができます。この方法をベンチマーキングといいます。

対策を実行した後、対策ごとに成果と問題点を評価します。その後、当初の目標が達成できたのかどうかを数値で把握します。最後に、よい対策を業務の中に取り入れていきます。

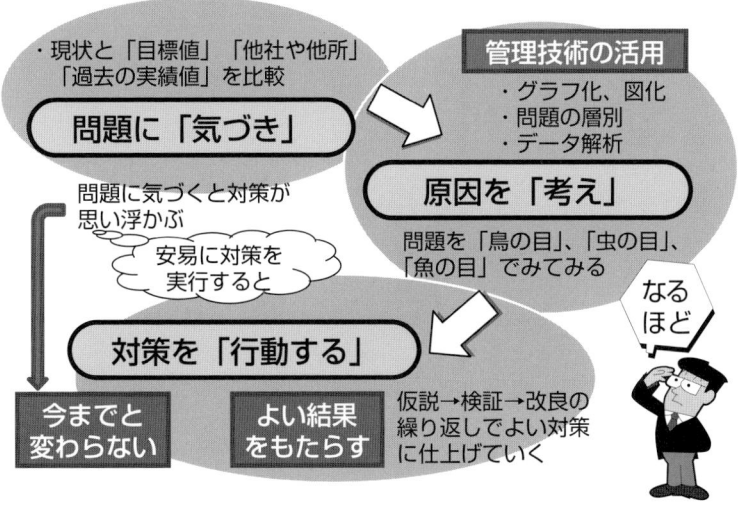

第2条　自転車に乗れば世界一周も夢でない

ある講演会場で聞いてみました。

「一輪車に乗れる人、手を挙げてください」

一瞬し～んとし、ぱらぱらと少し手が挙がりました。

「では、自転車に乗れる人！」

ほっとしたため息の中、ほぼ全員が手を挙げました。

一輪車を見ていたら、業務と改善のサイクルに見えてきました。

業務とは、SDCAサイクルを回すことです。

改善とは、PDCAサイクルを回すことです。

二つの一輪車を「問題」というペダルと、「標準化」というサドルでつなぐと、自転車になります。

おまけを一つ。自転車に乗れない人がいれば、「教育」という補助輪をつけてみてはどうでしょうか。

この補助輪はいずれ外すことができますし、外れたころには、世界一周を目指しているかもしれません。

世界一周に挑戦してみよう

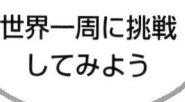

◎ 問題と標準化で業務と改善を一体化してみよう

　問題には、職場に顕在化している問題と、普通では気がつかない潜在的な問題があります。顕在化している問題は、日頃、管理している状態と目標との差から見つけることができます。しかし、潜在的な問題は、外部評価を行って「あるべき姿」を想定し、現状との差から見つけ出すなどの工夫が必要です。

　外部評価には、社外評価と社内評価に大きく分けられます。社外評価には、「お客様のニーズの変化」や「外部環境の変化」が考えられます。社内評価には「経営方針」や「ISO 9001 内部監査指摘事項」などがあります。

　標準化とは、対策を試行し、Q（品質）、C（コスト）、D（納期）、S（安全）の面から評価した結果、不具合があれば改良を加え、みんなに受け入れられる対策に仕上げていき、日常業務の仕組みの中に組み込むことです。

　そして、よい改善効果を長く持続させていくためには、標準書やマニュアルを作成し、教育や訓練を行います。さらに、管理項目を設定し、効果が継続されているかどうかを定期的にチェックします。

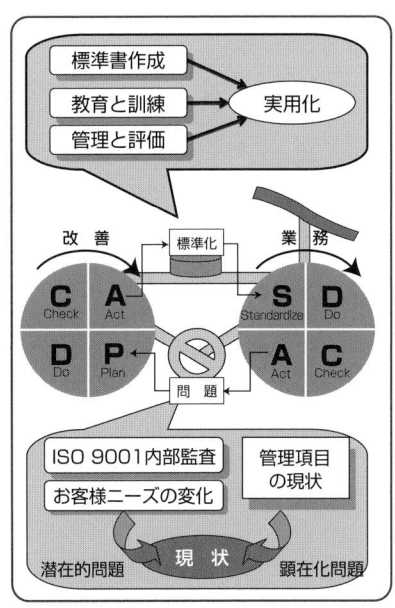

～　くっつける話　～

　くっつける、と一言で言っても、いろんな"くっつける"がある。足してみる、A＋B。最初より増える。つなげてみる、縦に横に。空間が広がった。混ぜてみる、あれとこれと。前と違うものになった。

　つけてみる、あれ、なにか変わった！溶かしてみる、ひょっとして混ざった？塗ってみる、下のものが見えなくなった。重ねてみる、厚みが増した。

　逆もある。引く、離す、切る、分ける……なんだか、面白くなってきた。

◎ 日常業務と連携した改善が望まれる

改善のスタートは、日常業務の問題を見つけることです。この問題の原因を見える化し、対策を実施し、標準化して日常業務へ活かしていきます。

Step 1. 問題に「気づき」

手順1：職場で発生している問題や取り組まなければならない課題を探す

満足できる結果が得られていない業務や効率が悪い作業、不具合が発生している業務を見つけ出します。

手順2：重点的に改善を図る問題をテーマに設定する

手順1でとらえた問題に対し、「重要度」、「緊急度」、「影響度」などの評価を行い、取り組むべきテーマを設定します。

Step 2. 原因を「考える」

手順3：業務や作業の問題点を明確にする

できる限りデータで、データがない場合でも客観的事実によって、テーマの実態を明確にします。まず、グラフなどで問題の全体像をつかみます。その後、問題を層別して、重要な問題点を見つけます。

手順4：問題点を発生させている原因を考える

仕事の結果を生み出しているプロセスである4M（人のレベル、仕事のやり方、機械・システムの状態、原材料）に着目し、真の原因を考えます。

Step 3. 対策を「行動する」

手順5：対策案を立案し、実施する

対策で試行します。このとき、問題点があれば対策を改良し、検証します。

手順6：対策の効果を確認する

手順7：管理尺度と水準を設定する

手順8：仕組みを標準化する

マニュアルを作成したり、教育を行うなどして、仕事の中に成果の上がった対策を取り入れていきます。

改善は日常業務に始まり，日常業務に終わる

Step1．問題に「気づき」

手順1 職場で発生している問題や取り組まなければならない課題を探す

手順2 重点的に改善を図る問題をテーマに設定する

Step2．原因を「考える」

手順3 業務や作業の問題点を明確にする

手順4 問題点を発生させている原因を考える

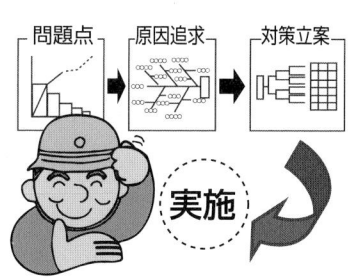

実施

Step3．対策を「行動する」

手順5 対策案を立案し、実施する
手順6 対策の効果を確認する
手順7 管理尺度と水準を設定する
手順8 仕組みを標準化する

効果　水準　管理尺度　設定　標準化

第3条　あなた、自ら何か改善やっていますか

あるテーマパークのお話。

全員がテーマパークのゴミを拾う、それはマネージャーでも同じ。でも「ゴミを拾う」という規定も規則もありません。

このテーマパークでは、ゴミを拾うことが文化になっています。

新しく入った新人に、まず2枚の写真を見せます。

1枚は、その辺の街のメインストリートの写真、もう1枚は、このテーマパーク内の写真。

「どっちが気持ちいいですか？」それだけです。

で、翌日、その新人をメンバーに紹介するために、パーク内のあちこちを歩いているあいだ、マネージャーは、ゴミを見つけるたびに拾っていました。

この光景を見ていた新人は感動し、その後ゴミを見つけるたびに、自らもゴミを拾いました。

改善は、言われてもなかなかできないものですが、管理者であるあなたが自ら改善を行えば、自然と動き出すものです。

> 課長さん！自ら改善活動を行っていますか？

◎ 自ら動けば影も動き、自らが止まれば影も止まる

　ある夜遅くのこと、帰宅したお父さんが、テレビを見ていた○○君に「テレビばかり見ていないで、勉強しなさい」と注意しました。すると○○君は、「お父さん、今日も遅くまで飲んでいたんだろう。真っ赤な顔して」、お父さん、一瞬で酔いがさめて、次の言葉が出ませんでした。

　自分では何もせずに、部下に「改善をやれ」という課長が皆さんの職場にもいるかもしれません。そんな職場は、きっと暗い雰囲気になっているでしょう。

　そこで課長さん、職場でトラブルが発生したときは、まずは自分で特性要因図を作ってみます。その資料をグループ全員に配って、「私はこう考えたのだが、みんなはどう思うか」と投げかけてみます。すると、誰かが「課長、この問題は、こんな原因だと思うのですが」と、いろいろな意見が飛び交うようになればしめたもの。そこで、「よし、明日もう一度みんなで検討してみよう」。その結果、自分なりに調べて、資料を翌日持ってくる人がいるかもしれません。

　自ら動けば影も動きますが、自分が止まれば影も止まります。

～　上司の話　～

　今までたくさんの上司の元で働いてきたが、もう一度一緒に働きたい上司が3人いる。それは、①一緒に悩んでくれた上司、②いつも後ろに立って応援してくれた上司、③ちゃんと叱ってくれた上司。

　仕事量も多かったし、納期も厳しかったし、体力的にもかなりきつかったが、「この人と出会えたから今の自分がある」と思う。

　壁にぶつかったとき、あの上司ならなんと言うだろう？　と考えると、次にやることが見えてくる。

◎「問題解決ワークシート」で問題解決を効率よく進めてみよう

　職場で発生している問題を解決するには、気づいた問題を解消することを目的にテーマを決め、問題を発生させている原因を事実のデータから考え、真の

実践ワークシート1　　問題解決ワークシート

手順1．問題や課題の抽出	手順2．テーマの設定					
目的やねらい	テーマ候補	評価				総合評価
		緊急	重要	方針	効果	
・現場で発生している問題を今回解決することにした。 ・そこで、各自問題を持ち寄って議論してみた	○○作業時間の短縮	3	5	3	5	225
	○○不良率の低減	5	5	5	5	625
	○○遅延件数の低減	3	3	3	3	81

テーマ	○○不良率の低減	背景	□□製品は、当社の主力製品であるが、今年の5月から不良品の発生が目立って増えてきている。

手順3．問題点の明確化（現状の把握）

状況1：	状況2：	状況3：
・過去半年間の不良発生の状況をグラフに書いてみた	・製品の特性値の1つである溶接強度について、データを収集し、ヒストグラムに表した	・不良個数を不良の現象別に層別して、パレート図に表した
■月別不良率折れ線グラフ	■溶接強度のヒストグラム	■不良項目別パレート図
（不良率の折れ線グラフ）	（溶接強度のヒストグラム）	（不良項目別パレート図　$N=75$）
・不良率が○月より増えてきている	・製品の溶接強度にばらつきが大きい 　平均値：○○ 　標準偏差：○○	・「溶接強度不足」が一番多く全体の50％を占めていた

■問題の傾向	■重要な問題点の抽出
・製品の不良はここ半年間増えてきている ・製品の強度にばらつきが大きい	・不良の内、半分を占める「溶接強度不足」が重要な問題であることがわかった

目標の選定		
何を（目標項目）	何時までに（達成時期）	どれだけ（目標値）
○○不良率	○○年3月末	30％削減

原因に対して有効な対策を実行します。このとき、「問題解決ワークシート」を活用すれば、効率よく問題解決を進めることができます。

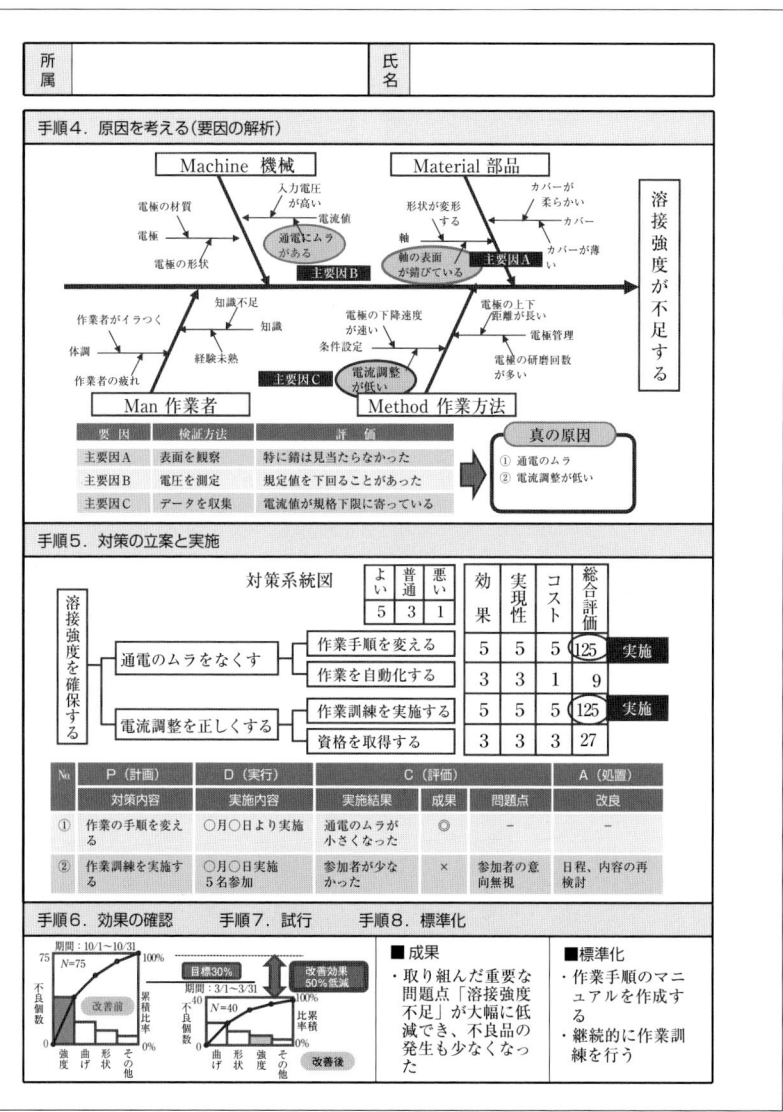

第4条　改善って、義務？それとも権利？

改善って、「義務なの？」

確かに、会社の方針として打ち出した改善活動は、社員である以上やらなければならない〝義務〟です。

しかし、「どうせやらなきゃいけないのだったら、思い切って自分のためになるものをやってみよう」と、日ごろ「私ならこうする方がよいと思う」勝手にやり方を変えれば混乱も起こるし、問題が発生すれば始末書ものです。

しかし、このやり方を改善として実施すれば、失敗しても「もう一度試してみては」と応援してくれるはずです。

結局、どうせやらなきゃいけない活動なら、思い切って自分たちでやりたいことを、実現する道具として使ってみてはどうでしょうか。

改善を自分たちの「権利」にしてみてはどうでしょうか。

「改善って「義務？権利？」」

「どうせやるなら「権利」にしてみては」

◎ どうせやらなきゃいけないなら、思い切ってやってみよう

　改善活動を行っても"やらされ感"を感じるのは、すぐに"よくなった"という実感が湧かないからではないでしょうか。

　活動の成果は、即効性ではなく漢方薬のように遅行性です。ある職場で長年続けてきた活動を止めてみたところ、しばらくは問題が発生しなかった。しかし、1年後、あちこちで問題が起こり始めたという話を聞いたことがあります。

　改善活動を一所懸命にやっている間は、顕著な成果は見られなかったものの、長い目で見てみるとよい状態になっているものです。また、よい状態が続くとこれが当たり前になり、少し活動の手を緩めても、今までの状態が保険となり、しばらくは問題が発生することもないでしょう。しかし、あるとき突然、問題が牙を剥くかもしれません。

　どうせやらなきゃいけない活動なら、自分たちのためにこの活動をやってみてはどうでしょうか。日頃、「私ならこうするのだが」などと思っていることがあれば、この活動で取り上げてみてはどうでしょうか。

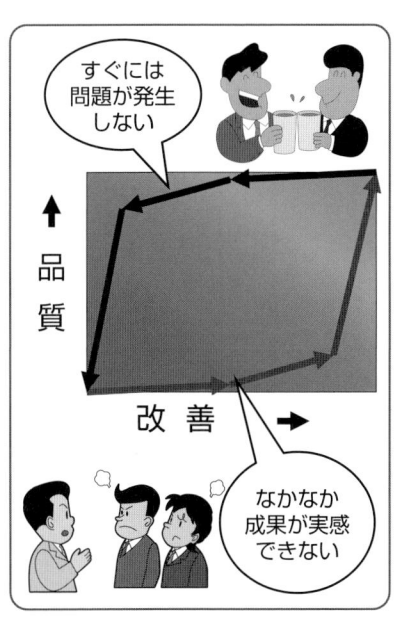

～　言い訳の話　～

　やらない言い訳ほど楽なことはない。「忙しい」、「時間がない」、「あとで」（そういって、やったためしはほとんどない）。一度は、誰もが口にしたことがある言葉であるが、本当にそうだろうか。

　仕事の隙間時間というのは、どこにでもある。次の仕事にとりかかる合間、会議が始まるまでの待ち時間、出張の移動時間etc.……。

　コーヒータイムを諦めることはない。言い訳をする前に、隙間時間を見つめてみよう。改善のネタがきっと見つかる。

◎ いろいろな手法を知っておこう

いろいろな手法を使うことで必要な情報を効果的に得ることができます。したがって、いろいろな手法を知っておくと、問題解決を効率的に進めることができます。

本書では、次の手法を紹介しています。

手法1. 特性要因図　◆問題の原因が整理できる手法

特性要因図とは、結果と原因との関係を表した図です。それぞれの関係の整理に役立ち、重要と思われる原因を追求するために用いる手法です。

手法2. パレート図　◆重要問題を抽出する手法

パレート図とは、問題となっている不良やクレームなどを、現象別などで層別し、不良個数などを多い順に並べて書き、重要な問題点を抽出する手法です。

手法3. ヒストグラム　◆データのばらつきを見る手法

ヒストグラムとは、測定値の存在する範囲をいくつかの区間に分け、その区間に属するデータを棒グラフに並べた図で、工程の状態を知る手法です。

手法4. 分散分析　◆ばらつきから3つ以上の母集団を比較する手法

分散分析とは、測定値全体の分散を、いくつかの要因効果に対応する分散と、その残りの誤差分散とに分けて母集団の違いを推測する手法です。

手法5. 散布図　◆2つの対になったデータの相関関係を見る手法

散布図とは、2つの対になったデータを縦軸と横軸の交点に点を書き、2つの特性値の相関関係を知る手法です。

手法 6. 重回帰分析　◆結果に影響する複数の変数の関係度合いを見る手法

重回帰分析とは、複数の変量から構成されるサンプルにおいて、特定の変量を残りの変量の一次式で予測する手法です。

手法 7. 発想チェックリスト法　◆アイデア発想を誘発する手法

発想チェックリスト法とは、「他に使い道は？」などといったチェックリストを用意して、発想を導く手がかりにする手法です。

手法 8. 焦点法　◆強烈な関係づけでアイデアを生む手法

焦点法とは、次元の違う異質な世界から任意のキーワードを選び、これにアイデアを出す対象物と強制的に結びつけることで発想を導く手法です。

手法 9. クロス集計表　◆多数の評価を項目別マトリックスにまとめる手法

クロス集計表とは、得られたマトリックス形式のデータを、事象の大小を合計値や平均値で定量化し、着眼点を明らかにする手法です。

手法 10. ポートフォリオ分析　◆散布図から象限で方向性を検討する手法

ポートフォリオ分析とは、テーマの結果と要因項目から横軸に結果への影響度、縦軸に要因の評価点を散布図に書いて、重点改善項目を抽出する手法です。

手法 11. FMEA　◆部品故障モードからシステム影響度を評価する手法

FMEAとは、「故障モードと影響解析」のことであり、部品の故障モードからシステムへの影響を評価し、重要な問題を机上で抽出する手法です。

手法 12. FT図　◆トップ事象に対する故障の原因を追求する手法

FT図とは、起こってはならない事故・トラブルに影響するサブシステムや部品の故障状態との関連を明らかにし、未然防止策を講じる手法です。

第5条　改善活動は、参加者の技術を最大公約数にします

ある日、トラブルが発生しました。

関係者が集まって、「何が原因だろう」

ある人、「機器が古いからかなあ」。他の人、「ふ〜ん」

ある人、「どっかのメーカーは仕様が違うからなあ」

さらに、「このメーカーの機器は、ここがこうなって」

ディスカッションした結果を、特性要因図にまとめてみました。

これを聞いていた新人、「とっても勉強になった」と。

たった3時間で、自らの技術知識を増やすことができた。

このようにすれば、特性要因図を介して、技術の共有化が図れます。

改善という管理技術が、技術レベルを最大公約数にしてくれます。

こんな方法を、使わない手はないのではないでしょうか。

◎ 改善活動にはいろいろな効用がある

　改善活動を行うことによって、問題を解決することはもちろんですが、それだけではなく、活動を通じていろいろな知識やノウハウが身につきます。

　例えば、問題が発生したとき関係者全員で特性要因図を書いて、原因を追求したとします。そのとき、先輩が発言した意見を、新人がホワイトボードに要因として書いていきます。この新人は、対象となる技術についての知識も乏しく、理解困難なところがいくつか出てきます。その都度、新人は先輩に聞きます。その結果、新人は理解が深まり、知識が増えていきます。このことから、自然に固有技術が継承されていきます。

　また、活動をチームで行うと、チームワークやリーダーシップが養われます。もし、結果を発表する機会があれば、人に理解させるプレゼンテーション力も身につきます。その結果、いろいろな面で達成感を味わうことができます。

　このように、日頃の業務では得られないいろいろなことが改善活動によって養われますので、教育の一環としても利用することができます。

～　業務力アップの話　～

　1人の改善には限度がある。解説書を読む、マニュアルを読む、図面を見る。しかし、それが全てではない。文字や図に表れないノウハウが、その行間にある。

　仕様書通りに機械を動かした。トラブルは発生していない。でもなんとなく違和感がある。先輩に相談したら「機械にもクセがある」といわれた。

　経験しないとわからないこと、教えてもらわないとわからないことは書いてない。人に聞くこと、相談することで、1人ではできない業務力がアップする。

◎ 特性要因図を書いてみよう

特性要因図とは、問題（特性）と原因（要因）との関係を表した図であり、それぞれの関係の整理に役立ち、重要と思われる原因を探し出す手法です。

特性要因図の作成手順は、次の通りです。

手順1：取り上げる問題（特性）を決め、右側に書きます。
手順2：問題の大骨を設定します。大骨は一般的に4M（Man：人、Machine：機械、Material：材料、Method：方法）で設定します。また、大骨に環境（Environment）を加えて、4M＋1Eで設定する場合もあります。
手順3：大骨ごとに「なぜ？ なぜ？」と考えて、中骨、小骨の要因を洗い出します。机上で「なぜ？ なぜ？」を考えても中骨、小骨あたりしか出てこないことが多いものです。さらに真の原因を探るためには、特性要因図を現場に持っていき、現物などを確認したり、作業の実態を調査します。
手順4：洗い出された要因の中から、真の原因だと思われる重要要因を抽出します。
手順5：抽出された重要要因についてデータ収集、再現実験などを行って、真の原因であるかどうかを検証します。

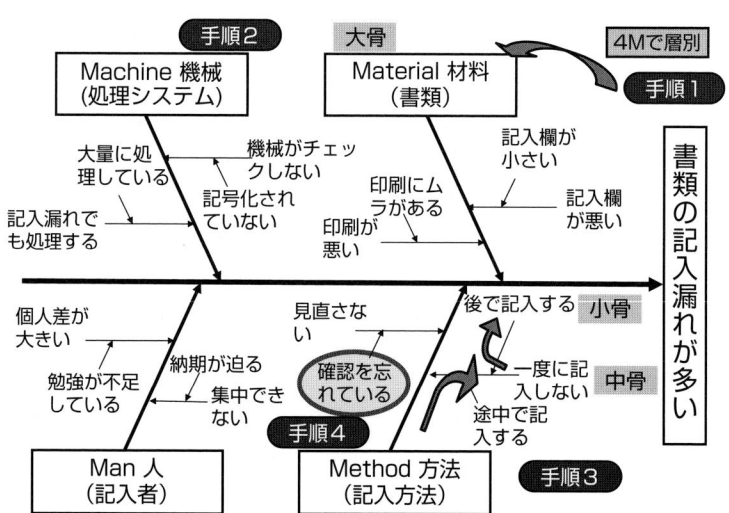

◎ 複雑に絡み合った要因は連関図を書いてみよう

原因がいろいろと複雑に絡み合っている場合は、特性要因図よりも連関図で一つひとつ要因を解きほぐす方法があります。

連関図の作成手順は、次の通りです。

手順1：問題を真ん中に書く

ここでは、「図書室が利用しにくい」という問題を取り上げて考えてみます。

手順2：取り上げた問題の発生している現象（1次要因）を書き出す

問題に対して1次要因を抽出すると、「図書室がしばしば会議に使われる」、「貸出方法がわからない」など、4つの現象が挙げられています。

手順3：1次要因の原因を2次要因、3次要因と展開する

1次要因（事象）を発生している原因を、「なぜ？ なぜ？」を繰り返して2次要因「会議が多すぎる」、「図書の一覧表が揃っていない」など、そして3次要因「利用者がルールを守らない」などを探索します。

手順4：原因と結果の関係を矢線で結び、重要と思われる要因を特定する

「図書室に管理責任者がいない」から、いろいろな要因につながることがわかり、この要因が重要要因であることを突き止めました。

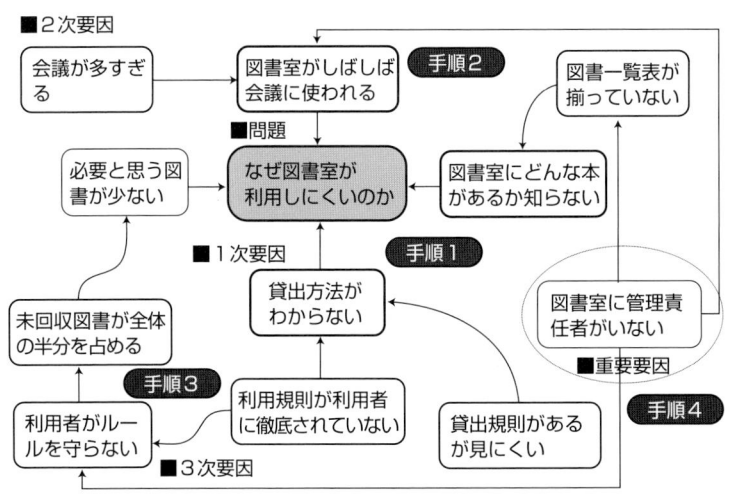

第6条　中途半端な改善は負担感ばかり、とことんやれば達成感に変わる

多くの人はジグソーパズルをやった経験があるでしょう。初めての人はとにかく並べていきます。うまくはまればホッとします。

しかし、慣れてくると、まず1面がフラットなものを集めます。2面がフラットなものが4つ見つかるはずです。これを四隅において、まず外枠をつくります。次に外枠の色に近いものを引っ張り出して、周りからはめていく、

その次にピースの形で分けてはめ込みます。一見手間なようですが、結構早く出来上がります。

問題を解決するときも同じです。

急がず、一つひとつ解きほぐしていきます。

とにかく改善するには、手間がかかります。

この手間をとことんかければ、「達成感」につながります。

この手間を中途半端にすれば、「負担感」だけが残ります。

一歩一歩、頂上を目指そう

第6条　中途半端な改善は負担感ばかり、とことんやれば達成感に変わる　23

◎ 手間をかければかけるほど真の原因が見えてくる

　分析すると、結構手間がかかります。そこで、急ぐあまりどんぶり勘定でデータを分析してしまい、思い浮かんだ対策で済ませることがあります。しかし、その結果は、さほど成果が得られないことが多いものです。

　問題の原因をつかむには、まず問題を細分化します。これを「層別」といいます。問題を細分化すればするほど手間がかかりますが、手間をかけただけ原因を突き止める時間が早くなります。

　層別とは、データの共通点やくせ、特徴に着目して、同じ特徴を持ついくつかのグループに分けることです。現象別、材料別、地域別、担当別、時間別に層別すると原因が見えてきます。

　また、効率化や時間短縮に取り組むには、対象となる工程を細分化します。それもできる限り1つの作業単位までに分けていきます。そうすると、必要な作業と不要な作業に分かれてきます。

　「急がば回れ」、一見手間だと思うことが実は早道なのです。

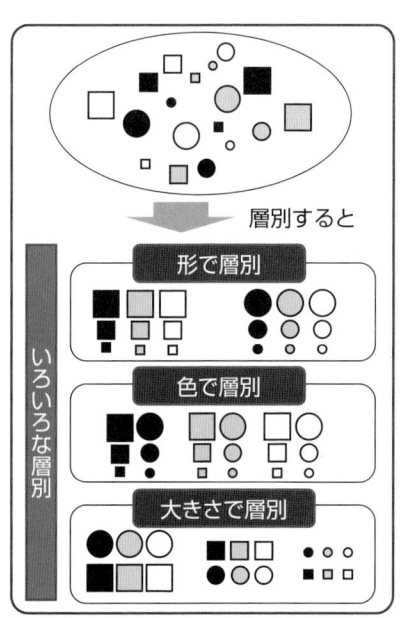

～　手間ひまの話　～

　「めんどくさいな」と思う仕事って、結構ある。単純な計算や表集計なんて最たるものだ。

　最初は手間かもしれないが、Excelを使って、計算式をつくってみる。こことここに入力したら、合計や平均値は自動計算。入力箇所をマーカーして、セルを間違わないように工夫する。

　ちょっとした改善で、繰り返していたいつもの仕事が楽になる。最初の手間は一度きりだ。

◎ Excel 解析 1.「クロス集計表」

クロス集計表を作成するには、マトリックス・データ形式にデータを入力し、Excel機能の「ピボットテーブル」を活用します。データは、数値でも言語でも可能です。マトリックス・データ形式で、左端に記入するサンプルNo.は、文字データ、例えば、「0011」とせずに「A0011」とします。

1) Excel ピボットテーブルの起動とデータ入力

手順1：Excelタブの「挿入」をクリックします。

手順2：「テーブル」の中の「ピボットテーブル」をクリックします。

手順3：「ピボットテーブルの作成」画面の「テーブル／範囲(T)」に作成するデータを入力します。ここでは、データセル「B2：H32」を指定します。

手順4：クロス集計表を表示するセルを指定します。ここでは、「既存のワークシート(E)」を選択し、セル「J35」を入力します。

手順5：「OK」をクリックします。

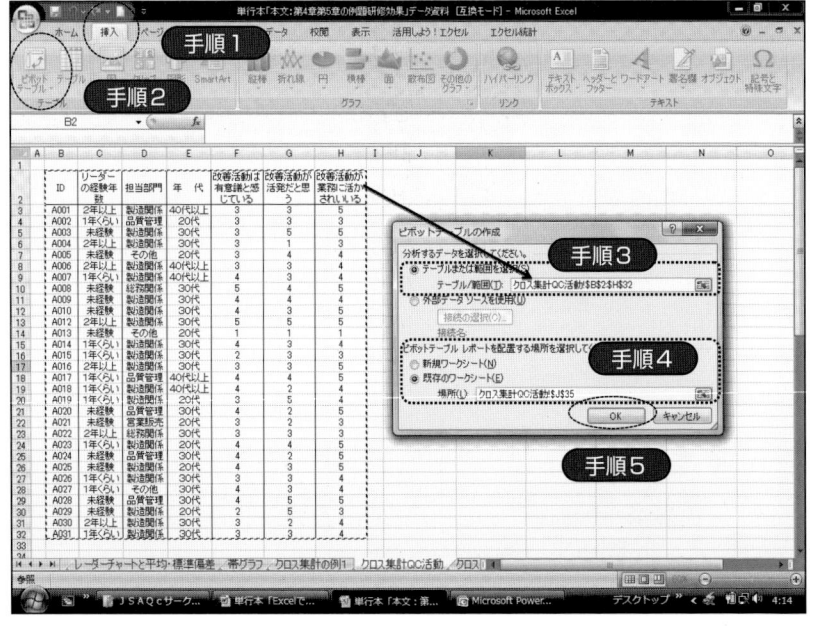

2) クロス集計表レイアウトの設計とクロス集計表の表示

出力するクロス集計表のレイアウトを設計します。

手順6：「ピボットテーブルのフィールドリスト」の「列ラベル」の項目に上部ラベル群からドラッグします。

ここでは、「年代」を選定しています。

手順7：「ピボットテーブルのフィールドリスト」の「行ラベル」の項目に上部ラベル群からドラッグします。

ここでは、「改善活動は有意義と感じている」を選定しています。

手順8：「ピボットテーブルのフィールドリスト」の「Σの値」の項目に上部ラベル群から「ID」をドラッグします。

手順9：「ピボットテーブルのフィールドリスト」の「×」をクリックします。

以上の結果、クロス集計表が表示されます。ここでは、「改善活動を有意義に行っているか、どうか」の評価を年代別に一覧表にまとめたクロス集計表を表示しています。

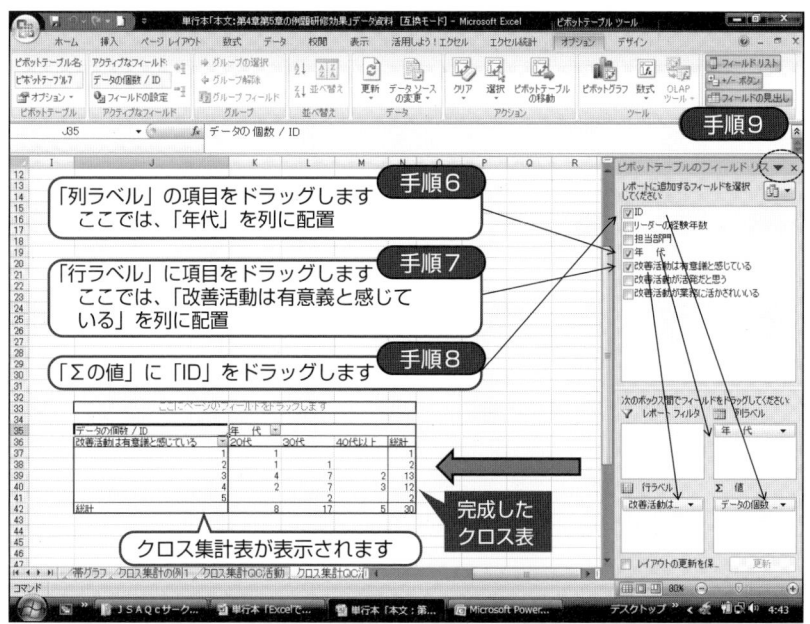

第7条　見える化とは現場、現物、現実から情報を得ることである

スタッフが集まっているとき、「見える化」が話題になりました。

「見る」という字は、「目」に「足（ル）」がついているね」と、目に足をつけて歩いている絵をホワイトボードに書いてみました。

「現場へ行き、現物を見て、現実を知るってことかなぁ。

これが、日頃から課長がいっている『三現主義』のことじゃない？」

さらに続けて、「『化』という字は、『化ける』ということかなぁ」

現場でとらえた事実だけでは、よくわからない。こんなとき、数字をグラフに書き、言語を図にまとめます。

「データを化けさせるといろいろなことがわかるね」

ホワイトボードを眺めていた全員が納得しました。

「見える化」とは、現場へ行って事実をつかみ、ツールを使ってデータを化けさせることによって、いろいろな情報を得ることです。

「現場の事実をグラフ化すると見えてくるねえ」

◎ "見える化"の基本は"三現主義"

「見える化」とは、現場で観察した事実から情報を得ることです。『見る』という字は、『目』に『足(ル)』がついています。足で歩いて問題の発生している現場へ行き、現物を見て、現実を知ることです。『化』という字は、『化ける』ということです。自分の目で確かめた事実を測定することによって、データを得ることができます。このデータを手法という道具を使い「化けさせる」ことによって、情報に変わります。

職場の状態を確実に把握するための基本的な考え方として、三現主義(現場・現物・現実)があります。"現場"とは、問題が発生している場所へまず行くことです。"現物"とは、問題を起こしている対象です。現物は機械の不調のようにマクロ的に見なければいけないものや、半導体のようにミクロ的に見なければならないものがあります。"現実"とは、問題が起こっている状況、現象です。目で直接的に見えない場合も測定器などを用いて「見える化」することができます。

～ 背中の話 ～

自分の背中を見る機会は少ない。お腹のでっぱりを見てため息をつくことはあっても、背中はチラ見ぐらいだろうか。

ぎょっとするのは夏の海(or ゴルフ後のお風呂?)。上半身裸になったときに、その姿はあらわになる。首周りについたぜい肉、しみの大きさ、ほくろの数、お腹に負けないウエストのたるみ etc…。自分が見えない分、余計気になる。

ちょっとだけ、自分で見る努力と人に見てもらう勇気を持とう。現実はごまかせないし、自分のことを思ってくれる人なら、本当のことをいってくれる。

◎ データは目的を明確にして、適切な方法で取る

　感覚から物事を評価すると、人によって評価が異なったり、判断が変わることがあります。しかし、事実をデータという形で収集すれば、客観的な判断ができ、関係者が同じ認識に立てるものです。また、収集したデータを改めて眺めてみると、今まで気づかなかった微細な変化に気づいたり、状況が見えてくることもあります。

　データは、やみくもに取るのではなく、"何が知りたいのか"という目的を明確にして、次の手順で収集します。

手順1：何が知りたいのか（目的）
　例1）不良が発生しているのか　　例2）うまく書類が処理できているのか

手順2：どんなモノサシで測るのか（尺度）
　例1）不良個数　　例2）期限内処理率

手順3：どんな方法で測るのか（測定方法）
　例1）製品外観チェック　　例2）書類の完了月日

手順4：どこまで測るのか（測定範囲）
　例1）5/7～5/20、Aロット　　例2）5月分の○○件名の書類

手順5：誰が測るのか（測定者）
　チェックシートを作成し、測定者を決めてデータを収集します。

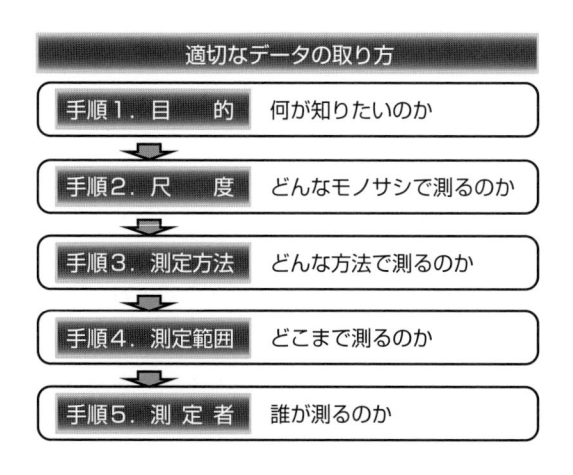

適切なデータの取り方	
手順1．目　　的	何が知りたいのか
手順2．尺　　度	どんなモノサシで測るのか
手順3．測定方法	どんな方法で測るのか
手順4．測定範囲	どこまで測るのか
手順5．測 定 者	誰が測るのか

◎ 効果的なチェックシートを作ろう

チェックシートは、「書きやすい」、「間違わない」、「集計しやすい」を第一に考えて作成します。そのポイントは、次の通りです。

Point 1：目的に合ったチェックシートを作成する
Point 2：タイトルは上部に具体的に書く
Point 3：チェック者・期間などを記入する

事前に、チェック期間、チェック範囲、チェック者などを決めて記入しておきます。計画と実績が変われば、実績を優先し、修正を行います。

Point 4：項目はチェックしやすい順に並べる

工程順、作業順、時間順など、チェックしやすい順に書きます。また、データとしてまとめるときのことを考えて、層別できるように項目を決めます。

Point 5：チェック記号は 𝍢 や○などを用いる

チェック記号は、「𝍢」、「正」、「○」、「×」、「✓」などを用います。

Point 6：合計など計算欄を設ける

欄は、必要に応じて「合計」、「平均」、「割合」などがあります。

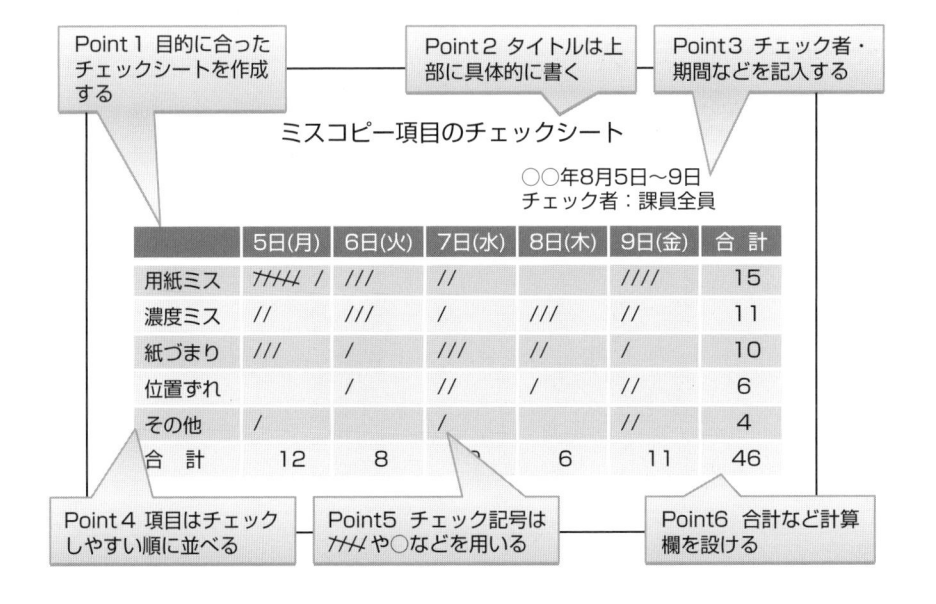

ミスコピー項目のチェックシート

○○年8月5日～9日
チェック者：課員全員

	5日(月)	6日(火)	7日(水)	8日(木)	9日(金)	合 計
用紙ミス	𝍢 /	///	//		////	15
濃度ミス	//	///	/	///	//	11
紙づまり	///	/	///	/	/	10
位置ずれ		/	//	/	//	6
その他	/		/		//	4
合 計	12	8		6	11	46

- Point 1 目的に合ったチェックシートを作成する
- Point 2 タイトルは上部に具体的に書く
- Point 3 チェック者・期間などを記入する
- Point 4 項目はチェックしやすい順に並べる
- Point 5 チェック記号は 𝍢 や○などを用いる
- Point 6 合計など計算欄を設ける

第8条　グラフや図があなたに語りかけるものはなにか

「最近、仕事がやりにくくなったなあ」という声が聞こえてきました。それを聞いていた人がうなずいた。「うん、私もそう思う」。横にいた人、「なんとか処理できているし、他のトラブルもないし」。「でも、先日お客様から指摘を受けて、走り回ったじゃないか」などなど、よくある職場での会話です。

こんなとき、仕事の"やりにくさ"を問題と考え、「事実はどうなのだろう」と考えてみます。

そして、事実を客観的に評価してみます。

先ほどの会話で出てきたキーワードは、「仕事の処理時間」、「トラブル件数」です。

処理時間を測ってみたところ、60分で終わっている人もいれば、倍の120分もかかっている人がいることがわかりました。

トラブルを数えていくと、1週間に1～2件発生していることもわかりました。

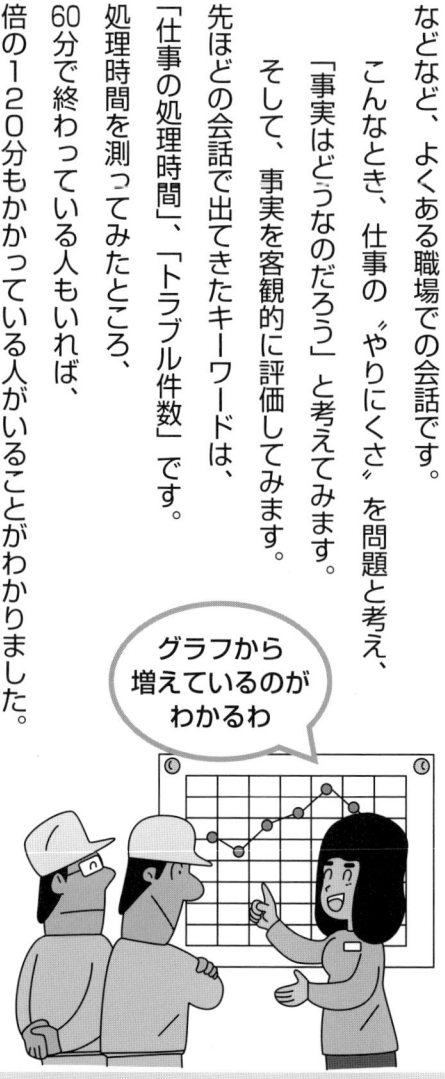

「グラフから増えているのがわかるわ」

◎ データを加工すると問題が見えてくる

前頁のような現象が職場で起こったなら、まず、客観的評価を行うためにデータを集めてみます。「仕事の処理時間」、「トラブル件数」などの事実のデータを集めることから始めます。

そして、一人ひとりの仕事の処理時間を、ヒストグラムに表してみます。ヒストグラムは平均的な処理時間とばらつきを見える形にしてくれます。その結果、60分、120分の人は一人であり、大多数は90分前後でした。さらに、お客様とのトラブルが発生していた処理時間(120分)は、ヒストグラムの右端に位置し、いつもと異なる状況であったのかも知れないということが予測できました。

また、このトラブル件数を月別に折れ線グラフを書いてみると、最近は4〜5件/月と増えてきていることがわかりました。

問題の兆候を感じたとき、感覚だけで判断せず、事実のデータを測定し、グラフに書くことによって、問題を具体的に知ることができます。

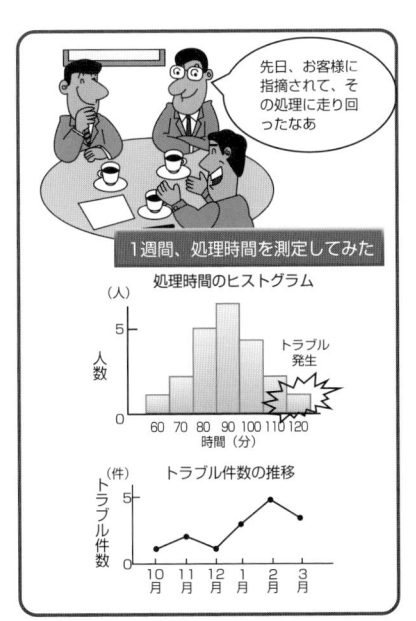

〜 体重の話 〜

最近、なんだか太った気がする。そういえば、このところ飲み会も多いし、週末は家族で外食している。ひょっとして、ヤバイかも。

ダイエットに成功した同僚に相談したら、毎日、体重を測定して、グラフにするとよいといった。

要は、食べたら増える。増えたら気をつける。減ったらうれしいが、「見える」と自覚するそうだ。

早速、体重計を購入し、グラフを風呂場に貼った。さあ、今日からやるぞ！

◎ Excel 解析 2.「パレート図（その 1）」

　Excel でパレート図を書くには、件数と累積比率の棒グラフを書きます。そして、累積比率の棒グラフを第 2 軸に変更し、折れ線グラフに変更します。

手順 1：「不良項目」、「件数」、「累積比率」の順にデータ表を作成する
　データ表を指定します。

手順 2：「挿入」タブのグラフから 2-D 縦棒グラフを選択する

手順 3：累積比率の棒グラフを「第 2 軸」に変更する
　累積比率の棒グラフを指定し、右クリックし、「データの書式設定」から「使用する軸」を「◎第 2 軸（上／右側）(S)」に変更します。

手順 4：累積比率の棒グラフを「折れ線グラフ」に変更する
　累積比率の棒グラフを指定し、右クリックし、「系列グラフの種類の変更(Y)」から「折線」に変更します。

　以上の結果、下図の左下のパレート図の原型グラフが作成できます。

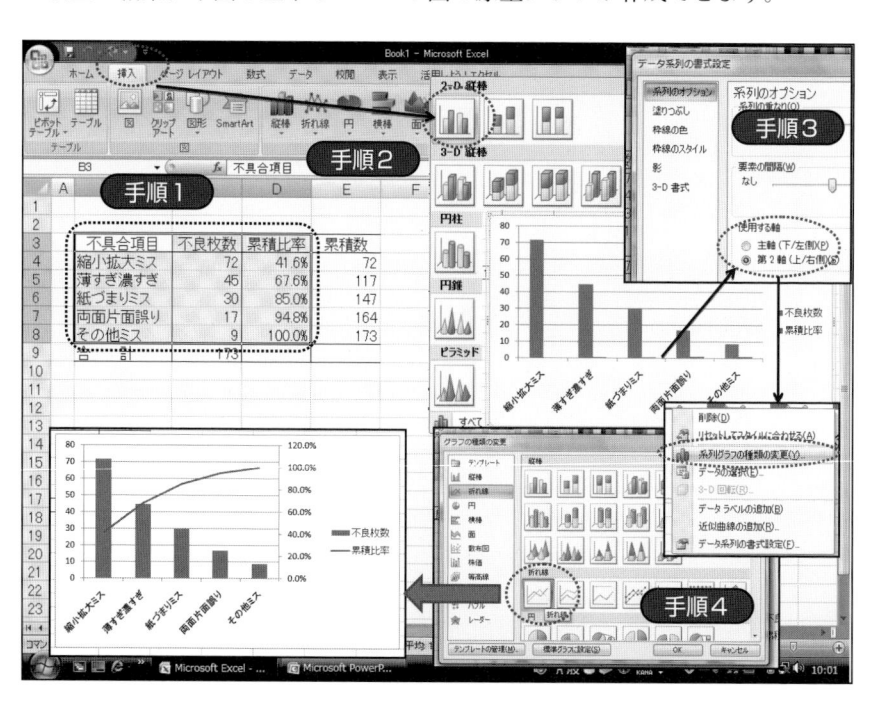

手順5：件数軸の目盛を変更する

件数目盛を指定して、右クリックします。「軸の書式設定」から「軸のオプション」の「最小値」、「最大値(合計値)」を自動から固定にします。

手順6：累積比率軸の目盛を変更する

累積比率目盛を指定して、右クリックします。「軸の書式設定」から「軸のオプション」の「最小値」、「最大値(1.0)」を自動から固定にします。

手順7：棒グラフの隙間をなくす

グラフを指定し、右クリックして「要素の間隔(W)」を「なし(0%)」にして、棒グラフの隙間をなくします。

手順8：グラフを化粧する

グラフの背景を「白」にします。補助線を削除します。凡例を削除します。

手順9：パレート図が出来上がる

この状態でもいいのですが、後で解説する手順(Excel解析3：p.36)により、累積比率の折れ線グラフを0からに引き延ばすことができます。

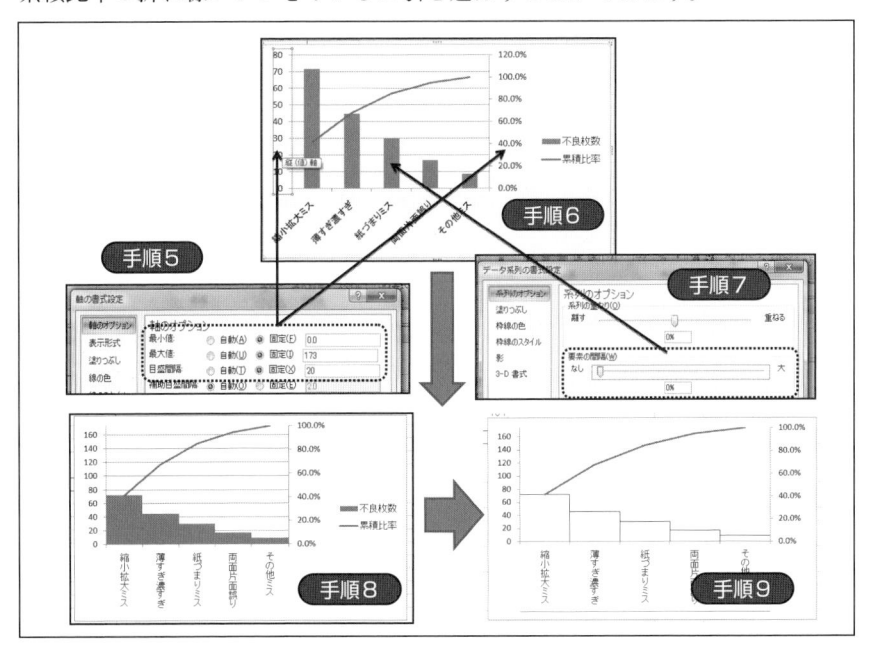

第9条　パレート図1枚書くのに30分、これではやる気が失せてしまう

パレート図1枚書くのに30分。
書いた直後に修正。
これではやる気が失せてしまう。

パレート図、1分
ヒストグラム、2分
統計計算、1分

これみんな、パソコンを使えばのお話。
手法のほとんどを、Excelで書くことができます。
Excelには隠れた才能があります。
それを活かすも殺すもあなた次第です。
一度、チャレンジしてみてください。
とりあえず、今日から使ってみませんか。
でも、病みつきにならないように
注意、注意！

いろいろな統計解析やグラフが簡単にできるよ

◎ Excel で図表の作成や解析の計算を行ってみよう

　Excel のいろいろな機能を使うと、グラフを書いたり、データ解析を行ったり、図を描くことができます。もちろん、簡単に、きれいに仕上がります。

　「グラフ機能」を使うと、折れ線グラフや円グラフを書くことができます。少し工夫をすれば、パレート図や管理図を書くこともできます。簡単にできるため、層別したグラフをいくつも手軽に書くことができます。

　「関数機能」を使うと、平均値や標準偏差、データ数などの計算ができます。もちろん難しい公式を覚える必要もなく、計算結果を表示してくれます。

　「分析ツール」を使うと、相関、回帰、検定、分散分析などのデータ解析もできますし、この分析ツールでヒストグラムを手軽に書くこともできます。

　図形機能を使えば、特性要因図や系統図なども作成できます。これらの図は、最初に書くときは少し手間取りますが、その後の修正が簡単です。

　あまり知られていな機能にピボットテーブルなるものがあり、この機能を使えば、マトリックス・データ表から簡単にクロス集計表が作成できます。

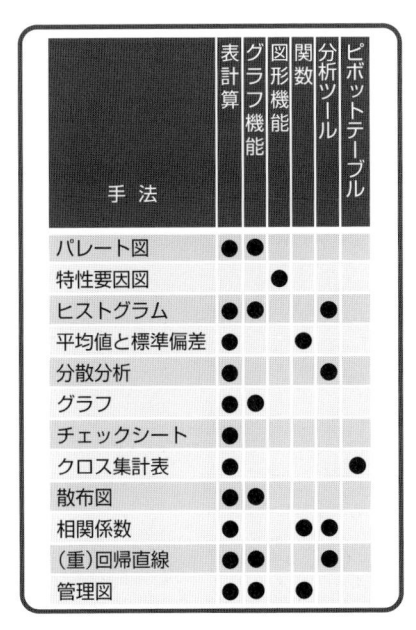

手　法	表計算	グラフ機能	図形機能	関数	分析ツール	ピボットテーブル
パレート図	●	●				
特性要因図			●			
ヒストグラム	●	●			●	
平均値と標準偏差	●			●		
分散分析	●				●	
グラフ	●	●				
チェックシート	●					
クロス集計表	●					●
散布図	●	●				
相関係数	●			●	●	
(重)回帰直線	●			●	●	
管理図	●	●		●		

～　こだわりの話　～

　パソコンのなかった時代には、方眼紙のメモリを数え、定規とコンパスを使って、グラフやパレート図を書いていた。今はパソコンで、あっという間にできるようになった。

　便利になったのはいいけど、外野がうるさくなった。「このグラフは 3D で」、「色は赤より青の方がいい」、「もう少し左に寄せて大きく」

　見やすいを通り越して、妙なこだわりのオンパレード。そこに時間をかけるより、次の改善にとりかかろう。

◎ Excel解析3.「パレート図（その2）」－累積比率グラフの修正－

手順1：パレート図を指定し、右クリックします。「レイアウト」タブから「軸」→「第2横軸(S)」→「その他の第2横軸オプション(M)」で「軸の書式設定」が表示されます。

手順2：「軸の書式設定」の中の「軸のオプション」画面上で、「軸ラベル(A)」のところを「なし」に変更します。また、「軸位置」を「目盛の間(W)」から「目盛(K)」に変更します。

手順3：以上の操作で、累積比率線が横軸の左端から右端までに広がります。次に、累積比率グラフの基点を変更します。

手順4：累積比率グラフを指定し、右クリックします。

手順5：「データの選択」をクリックすると「データソースの選択」画面が表示されます。

手順6：「データソースの選択」画面上で、まず「凡例項目(系列)(S)」の中から「累積比率」を選択します。

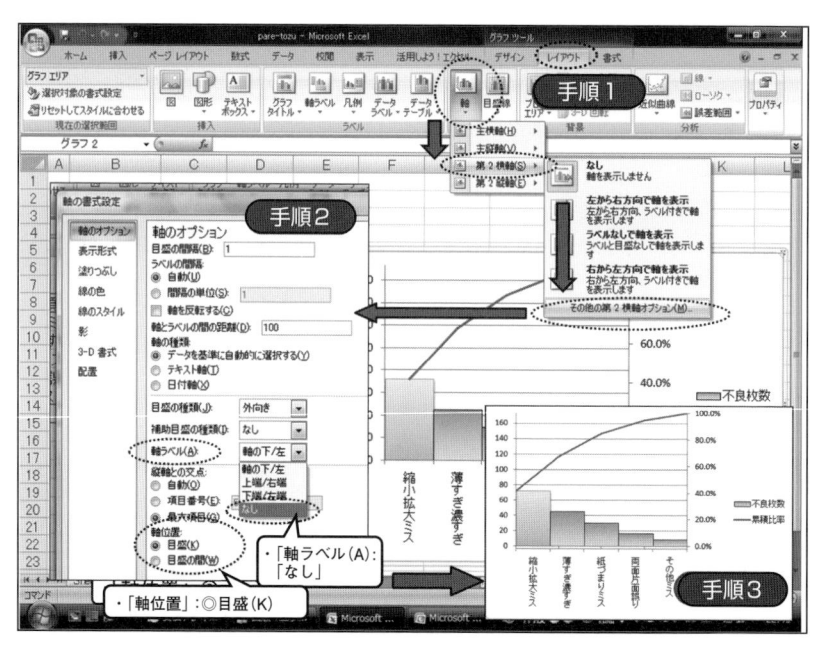

第9条　パレート図1枚書くのに30分、これではやる気が失せてしまう　　37

手順7：「編集(E)」をクリックすると「系列の編集」画面が表示されます。
「系列値(V)」をクリックし、データ範囲を累積比率のデータ範囲(D4：D8)からラベルを含んだデータ範囲(D3：D8)に変更します。

手順8：以上の操作で、基点を0にした累積比率折れ線グラフを書くことができます。

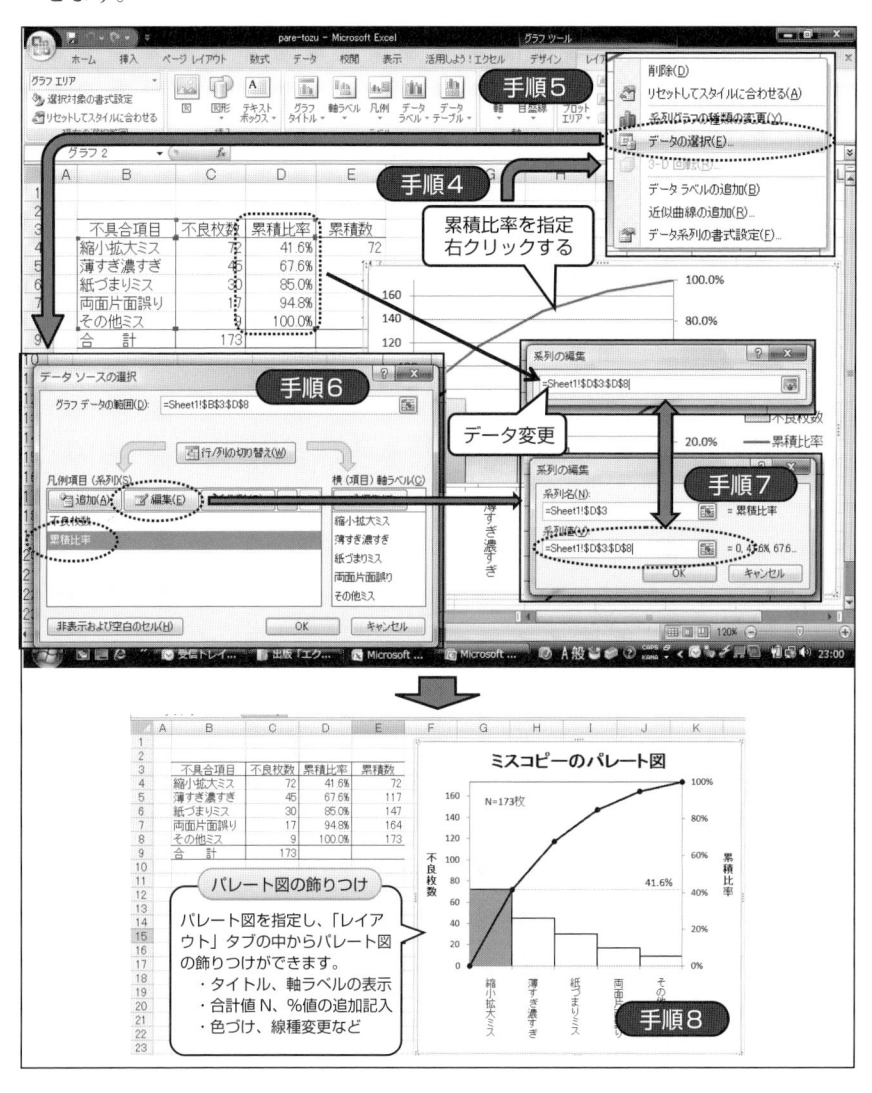

コラム1　ある春の日、自宅を出てみると

「いってきます」
自宅から駅までのいつもの通勤路。ふと空を見上げる。
「最近、めっきり春めいてきたなあ」
この頃は晴れ渡った青い空の日が増えてきた気がする。
そういえば、上着も分厚いロングコートから、
軽めのトレンチコートに変わった。

電車での移動中、いつもは携帯電話でニュースを見るのが日課だが、
車窓から眺める山々に、ピンクの塊をたくさん見つける。
こんなに桜の木があったのかと、驚くほどだ。
そう思って周りを見渡せば、学校、公園、川の土手も花盛りである。

会社近くの交差点。
赤信号で立ち止まった歩道の脇には、
アスファルトの隙間から、タンポポが咲いていた。
こんなオフィス街に、種はどこから飛んできたのだろう。
よくこんなところから出てきたなあ。
数多く踏みつけられただろうに。

見渡せば、
いろんな気づきが発見できる。
見方を変えただけで、
違うものが見えてくる。

第2章

問題に気づき、真の原因を見える化する9か条

第10条　現状とあるべき姿の差が問題

「3は大きいですか?」こんな質問をしてみました。

「小さいよね」、「大きいのかなあ」、「ふむ……」いろいろな答えが返ってきました。

次に「3は5と比べてみるとどうですか?」と質問してみました。

「小さいね」全員一致の答えが返ってきました。

単独では人によって異なる判断でも、あるものと比較することで、ことの大小が明らかになります。

現場で発生している問題に気づくには、現状とあるべき姿を比較することによってそこにギャップを見つけることができます。

これが「問題」です。

現状が悪い状態なら、起こっている現象を問題として気づくことができます。

現状がさほど悪くない状態なら、あるべき姿を考えて、現状と比較することで問題に気づくことができます。

比較すると問題が見えてきます

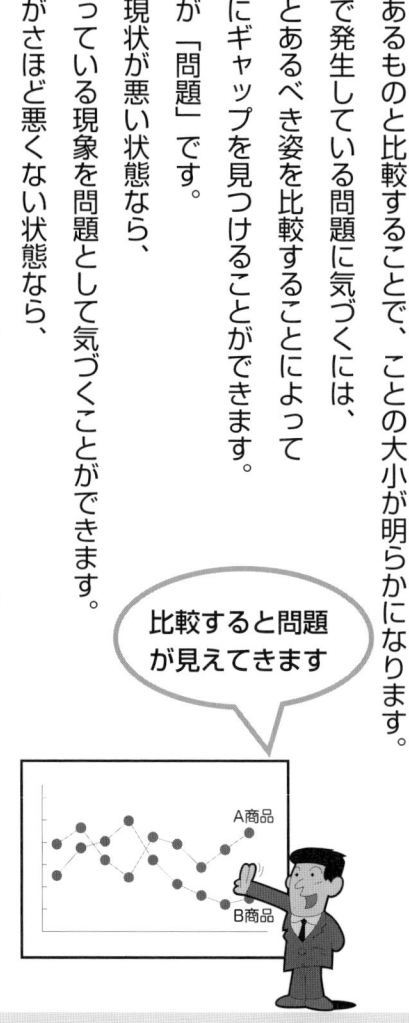

◎ 問題とは、理想と現状の差（ギャップ）を見つけること

　現状が悪いときは、「この現状をなんとかしたい」ということから問題を認識します。しかし、現状がそう悪くないときは、「今のままでいいのではないか」と問題を認識することが難しくなります。しかし、今、気づかない潜在的な問題を認識することができれば、優良企業として発展することができます。

　そのためには、絶えずこうありたいという「理想」と、今はこの状態だという「現状」を客観的に知る必要があります。そして、理想と現状との差「ギャップ」を知ることによって、「問題」を認識することができます。

　「今の職場、少し活気がないように思われるのだが？」、「そうかなあ」。こんな会話が聞こえてきたら、隣の職場を覗いてみましょう。そうすると「隣に比べると少し問題がありそうだ」と気づくかもしれません。

　仕事においては、比較するものとして「目標値」や「他社や他所」、「過去の実績値」などがあり、これらのものと現状を比較することによって、問題を見つけることができます。

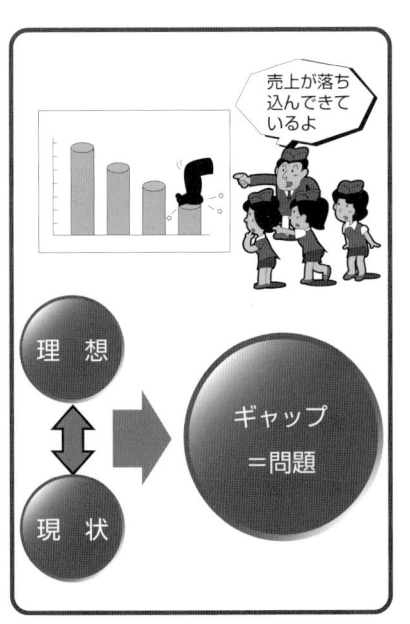

～ 「似合う」の話 ～

　百貨店で服を買う。自分が選んだ服をたいていの店員は「お似合いですよ」というが、本当にそうか？

　例えば色。どうしても自分の好きな色を手にとってしまう。自分の肌の色や似合う色を無視して。例えばサイズ。どうしても着たときに楽なサイズを選んでしまう。もうワンサイズ小さい方が体にフィットして格好いいのに。

　自分を辛（から）く見てくれる人が身近にいると、ちょっと立ち止まることができる。良薬口に苦し、である。

◎「日常業務問題発見ワークシート」で問題を探してみよう

職場で感じたことから問題を見つけるため、「日常業務問題発見ワークシート」を次の手順で活用します。

手順1：「困っていること」または「望んでいること」を書き出す

職場で「これをなんとかしたい」、または「こうであればいいなあ」など、みんなで議論して書き出します。

みんなで集まって考えるのが基本ですが、トラブルに遭遇したときは、すぐに関係者が集まって、その場で議論するのも1つの方法です。

手順2：ギャップを見つけ、取り組むテーマを設定する

困ったことを書いたときは、「現状」の欄に困ったことの具体的な内容を書きます。このとき、困ったことに関連する事実のデータを測定し、グラフに表し、事実確認を客観的に行います。

望んでいることを書いたときは、「あるべき姿」の欄に望んでいることの具体的な内容を書きます。このとき、言葉では表しにくい場合には、イメージ図などを添付しておくといいでしょう。

手順3：相反することを考え、ギャップを見つける

困ったことから「現状」を書いたときは、どうあればいいのか目標などを考えて「あるべき姿」を書きます。望んでいることから「あるべき姿」を書いたときは、今がどうなっているのか「現状」を具体的に書きます。

以上のことから、ギャップを見つけ出します。これが取り組むべき「問題」となります。

「あるべき姿」−「現状」＝「ギャップ」（＝「問題」）

手順4：取り組むテーマを設定する

手順3で見つけた「問題」を解決するためのテーマを設定します。

テーマは、問題をどうするという目的を具体的に表現します。ここでは、問題を解決する対策を書かないようにします。

　　　よい例　　：○○業務の手直し回数の低減
　　　よくない例：○○業務マニュアルの作成

第10条　現状とあるべき姿の差が問題　43

| 実践ワークシート2 | 日常業務問題発見ワークシート |

手順1：職場で「これをなんとかしたい」または「こうあればいいなあ」などを
　　　　書き出してみます。

● 「これをなんとかしたい」と、困っていること

- 手直しがたびたびあり、その都度作業が停止する

● 「こうあればいいなあ」と、望んでいること

- ○○作業は、特に問題はない。でも、3時間で完了することができれば、1日2回できるのだが

手順2：困ったことを書いた人は「現状」に書きます。
　　　　望んでいることを書いた人は「あるべき姿」に書きます。

あるべき姿
- 手直しがない状態にしたい

・「現状」の問題を書いた人は、「どうあればいいのか」「あるべき姿」をディスカッションして書いてみます

手順3：ギャップ（問題）
- 人によって自己流で仕事をしているのが問題である

現　状
- 1日に2回程度の手直しが発生している
- 以前に比べて増えてきている

手順4：テーマ　作業の統一による手直し回数の低減

・「あるべき姿」を書いた人は、「それがどうなっているのか」「現状」を調査して書きます

第11条　仕事の結果にばらつき、手直し、負担を感じたら

仕事を行った結果は、多かれ少なかれ、ばらついています。昨日は2時間で終わった作業が、今日は5時間もかかった。「今日は忙しかった」、書類の書き直しが3回もあった。「今日は疲れた」、最近この作業をすると、いつも疲れ果ててしまうんだ。……などなど。

こんな経験はないでしょうか。

仕事の結果にばらつきを感じたり、手直しがあったり、必要以上に負担を感じたら、その仕事に関心を持ってみます。

すると、潜んでいる問題に気づくことができます。

仕事のやり方はどうか、作業する人たちの知識はどうか、機械の調子はどうか、などに注意を払って見てみると、問題が見えてきます。

> 仕事がやりにくいってことは、何か問題があるのよ

第 11 条　仕事の結果にばらつき、手直し、負担を感じたら　　45

◎ 仕事の「ばらつき」から問題を見つけてみよう

　仕事の結果にばらつきがあったり、手直しがあったり、余計な負担がかかるときには、その仕事に問題が潜んでいます。

　仕事の結果はばらつきます。このばらつきが大きい場合、そこには「ムラ」が生じています。また、業務のしくみが確立しておらず、抜け落ちが発生している場合や、標準通りに進められない作業にも問題が潜んでいます。

　書類を手直ししたり、作業をやり直すことがある場合、そこには「ムダ」があります。また、後工程に迷惑をかけたことがあったり、迷惑をかけないための手直しが多い業務にも問題が潜んでいます。

　処理に必要以上の時間を費やしている場合、そこには「ムリ」があります。また、応急処置に追われている場合や業務処理に不必要に多くの時間を費やしている場合、管理やチェックに手間がかかっているときも問題が潜んでいます。

　以上のようなことを感じた仕事に注目し、作業時間や手直し件数などを、ある期間測定してグラフに表すことによって、問題が見えてきます。

～　変える話　～

　会社にも、職場にも、それぞれ歴史がある。紆余曲折を経て、試行錯誤して、取捨選択して、トラブルを乗り越えて、今に至る。でも、そのままでは、いずれマンネリ化し、形骸化してくる。

　時代も、状況も、社会も、お客様ニーズも、日々変化する。"これから"を考えるなら、改善が必要だ。現状に合わなくなってきたこと、ちょっとあれ？　と思ったら、変えてみよう。

　機械、しくみ、やり方、帳票、報告の仕方、ネタはたくさんある。

◎「工程問題発見 FMEA ワークシート」で工程の問題を探してみよう

「工程問題発見 FMEA ワークシート」から問題を抽出する手順は、次の通りです。

手順1：検討する工程を取り上げる

工程とは、製品がつくられていく過程の区切りの単位です。
　① 工程のフローを十分に把握し、工程の機能を明確にしておくこと。
　② 各工程間の移動、保管、時間経過なども明確に記述しておくこと。

手順2：対象工程の作業手順を書き出す

作業とは、1つの作業目的を持っている行為、材料、工具などのうち、1つのものを取り扱う作業です。

手順3：作業手順ごとに不具合を挙げていく

この作業は過去の経験や類似の工程の資料が必要で、設備や機械に対する専門技術者、作業の熟練者、材料の専門技術者の経験を活用することが大切です。
　① 過去の作業の不具合を参考にする。
　② 類似の工作機械や設備の不具合を参照する。
　③ 環境条件(高温、低温、湿度など)による不具合を検討する。

手順4：不具合ごとに推定される原因を考える

不具合が発生する要因を4M(人、機械、方法、材料)で考えます。

手順5：起こりうるシステムへの影響を想定する

想定する影響は、「起こりうる事象」、「製品への影響」、「工程への影響」などです。製品への影響とは、品質に関する問題であり、結果として生まれるお客様クレームまでを含みます。工程への影響とは、やり直しやライン停止が発生する問題を取り上げます。工程への影響に安全への問題も含みます。

手順6：重要度評価を行う

評価は、「発生頻度」、「影響度」を評価基準にもとづいて評価します。その後、「発生頻度×影響度＝重要度」の評価を行います。

手順7：取り上げる重要な問題を抽出する

重要度評価の高いものを取り上げます。

第11条　仕事の結果にばらつき、手直し、負担を感じたら　47

実践ワークシート3　工程問題発見 FMEA ワークシート

| 取り上げる工程 | ○○粉砕工程 | 取り上げる理由 | 当該工程において排気口に微粉がたまり清掃のためにラインをとめることがたびたびあり、時間がかかっていた | 所属 | ○○課 | 氏名 | ○○○○ |

手順1

工程の概略図：
原料粉砕 → （水蒸気・ガラス粉）微粉と水蒸気を分離（排気）→ ガラス粉 → 第2次処理

発生頻度

発生頻度	評価	基準
高い	5	頻繁に発生する
普通	3	ときどき発生する
低い	1	ほとんど発生しない

影響度

影響度	評価	基準
致命的	5	機能不全
普通	3	機能低下
軽微	1	支障なし

システムへの影響／重要度評価

工程	作業名	不具合	推定原因	起こりうる事象	製品への影響	工程への影響	発生頻度	影響度	重要度	重要な問題
ガラス粉製造工程	原料投入	粗悪原料が混入する								
	原料粉砕	粒度ばらつきが生じる	撹拌不足	粒度不均一	不良品が発生する		1	5	5 (C)	
	水蒸気分離	ガラス粉が混じる	フィルタ不備	汚れる		目詰まりを起こす	5	3	15 (B)	
	水蒸気排気	粉が付着する	粉が入る	掃除する		掃除のためライン停止	5	5	25 (A)	清掃時間増ライン停止
	ガラス粉加工 →搬出	不均一になる								

手順2 / **手順3** / **手順4** / **手順5** / **手順6**

手順7

| 取り上げる問題 (What) | 問題：排気室へのガラス粉混入
（テーマ：排気室へのガラス粉混入の防止） | 問題の背景や重要性 | ・清掃のためのライン停止：平均 2回／日
　30分×2回×30日＝30時間
・生産性低下：10% |

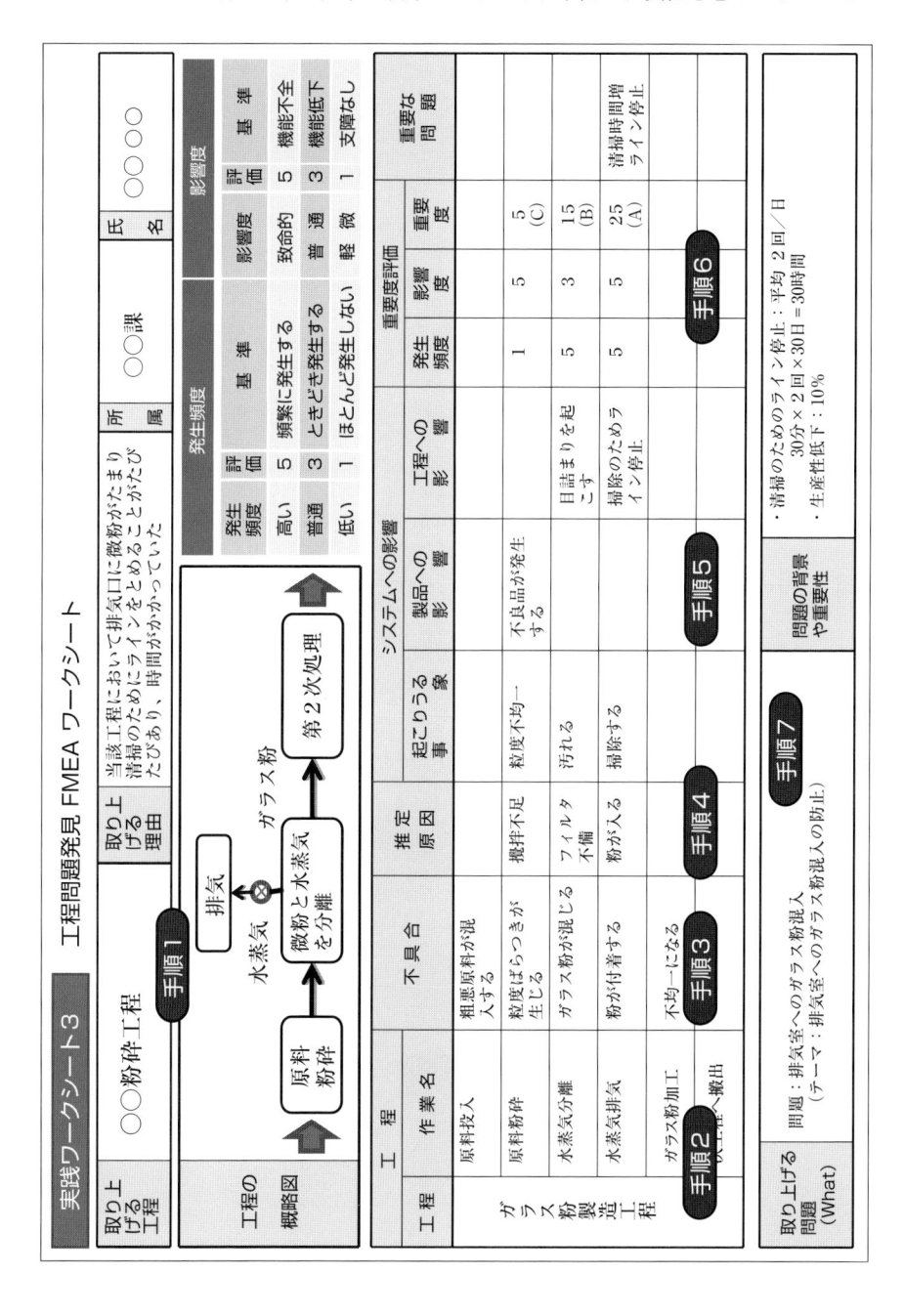

第12条　見えないものにうまいものあり、掘り起こしてみませんか

見えないものにうまいものあり。
芽の出る前のタケノコ、地中深く眠る自然薯。
少し苦労するかもしれませんが、掘り起こしてみませんか。
テーマは見つけるものではなく、探し出すもの。
問題が顕在化している場合は、簡単に見つかります。
隠れた問題、潜在化している問題、これは簡単に見つかりません。
でも、見つけることができれば、
前向きの楽しい問題になること間違いなし。
では、どうすれば見つけることができるのか。
今の仕事、どうあれば面白いか。
イメージや夢を絵に描いて、
現実と比較してみます。
その差やギャップが、隠れている問題です。
夢を実現するための課題を設け、達成していきます。
少し楽しいことだと思いませんか。

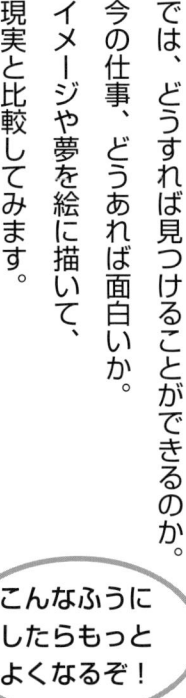

こんなふうにしたらもっとよくなるぞ！

◎ 問題を作ってみよう

　仕事はいろいろな組織が分担して行っています。自部門だけを見ていると特に問題はないと思っていても、仕事の開始から終了まで見通してみると、他部門とのかかわりが出てきます。特に、他部門と自部門との接点である"業際"に目を向けてみます。この業際で製品や書類が停滞することがあったり、不具合が発生していないかどうかを調査します。

　さらに、自分たちが行っている仕事を客観的に評価してくれる人たちがいます。特に後工程の人たちから「もう少し丁寧な仕事をしてくれよ」などといわれたときは、「そんなはずはない」と否定するのではなく、「そうか、気がつかなかった」と素直に受けとめ、「どのようなことなのか教えてくれる？」と問いかけることによって、気がつかなかった問題を見つけることができます。

　さらに、今はよい状態であっても、これからの競争社会に打ち勝つために、目標レベルを少し上げてみます。そうすれば、将来発生するであろう問題を見つけることもできます。

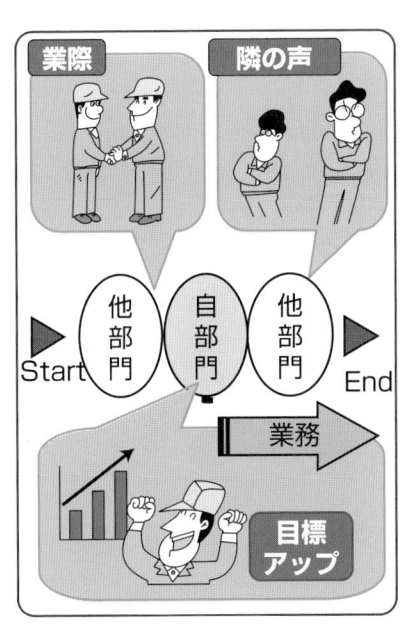

〜　休日の話　〜

　自宅の前の道路は旧街道の一方通行。平行して国道が走っているため、昼間通る車は、宅配便のトラックとタクシーぐらいだ。ところが最近、休日になると自家用車がバンバン走っていくようになった。静かな休日のはずが、なぜ？

　買い物に出掛けてナゾが解けた。国道沿いに有名なラーメン店ができて、駐車場待ちの車が国道を塞いでいる。そのため、旧街道へ迂回する車が増えたのだ。

　近くにできたラーメン店が自分の生活に直接関わるとは思わなかった。どんなところでつながっているかわからない。

◎「ISO 9001 指摘問題発見ワークシート」で問題を探してみよう

「ISO 9001 指摘問題発見ワークシート」を活用して問題を抽出する手順は、次の通りです。

手順1：ISO 9001 内部監査の指摘事項から、取り上げる指摘事項を書きます。
手順2：指摘事項に対する実態を把握します。関連するグラフなどを添えます。
手順3：実態から考えられる問題を抽出します。
手順4：問題を「業務の視点」、「お客様の視点」、「財務の視点」から評価し、総合評価を行います。

　①　「業務の視点」は、業務時間、業務品質やマンパワーの観点から評価する。
　②　「お客様の視点」は、お客様満足度、クレームの観点から評価する。
　③　「財務の視点」は、人件費、材料費や間接費の観点から評価する。

これらの評価から総合評価を行います。評価の方法は、最も重要なものを「5」、最も重要でないものを「1」とし、5段階で評価します。総合評価は、「業務の視点」×「お客様の視点」×「財務の視点」の掛け算で行います。

手順5：総合評価から取り組むべき問題を抽出します。

実践ワークシート4　ISO 9001 指摘問題発見ワークシート

ISO 9001 内部監査		問題	評価						総合評価
指摘事項	指摘事項の実態		業務の視点	評価点	お客様の視点	評価点	財務の視点	評価点	
最近増えてきているお客様クレームの解消を図る必要がある	・クレーム件数は毎月2〜3件発生している	・当初約束した納期に間に合わないケースがある	・時間外処理が増えてくる	4	・当社の信頼が失われる	3	・違約金の発生や業務処理費が増えてくる	3	納期遅延は信頼にかかわる問題であるが発生件数は少ない
	・内容別に層別すると納期に関するクレームが大半を占めている	・お客様が希望する納期に対応できないケースがある	・社内調整に時間がかかる	4	・当社に対する不満が残る	4	・調整のための業務量が増えてくる	4	・希望納期に間に合わない件数が増えてきていることからこの問題に取り組む必要がある
手順1	**手順2**	**手順3**	**手順4**						

問題	・お客様の希望する納期を達成できていないケースが増えてきている テーマ：お客様希望納期の達成率向上
手順5 目標	・お客様希望納期達成率　75％(期末実績)→90％(今期末)

第 12 条　見えないものにうまいものあり、掘り起こしてみませんか　　51

◎「お客様視点問題発見ワークシート」で問題を探してみよう

「お客様視点問題発見ワークシート」を活用して仕事の問題を探すには、次の4つの問いかけを行います。

手順1：自分たちのお客様は誰か？

販売実績などから、ターゲットとするお客様を特定します。特定するお客様は、できるだけ具体的にします。

手順2：お客様になにを提供すればいいのか？

お客様の声などからニーズを抽出します。

手順3：それが、今どうなっているのか？

お客様のニーズに対応した業務になっているのか、評価を行います。

手順4：将来を見たとき、今なにをすべきなのか？

お客様満足度を高めるために、改善すべき業務の問題を抽出します。

以上の手順1から手順4までの結果から、テーマと目標を設定します。

実践ワークシート5		お客様視点問題発見ワークシート
手順	問いかけ	具体的内容
手順1	自分たちのお客様は誰か？	・A商品を納入しているお客様（○○業界の中小企業）
手順2	お客様になにを提供すればいいのか？	・各社の要望に合わせた仕様通りに材料を加工し、希望納期に納入する
手順3	それが、今どうなっているのか？	・お客様との調整事項が営業より技術・製造に確実に伝わっていないケースがあり、納入直前に仕様変更を行っている場合がある
手順4	将来を見たとき、今なにをすべきなのか？	・営業を通じて提供されたお客様情報を技術・製造に確実に伝わるような仕組みと管理を行っていく必要がある

⬇

問題	・お客様要望事項の情報が営業から技術・製造に確実に伝わっていない テーマ：営業から技術・製造までの情報の共有化	目標	・情報の食い違いによる仕様変更件数 3件／月（期末実績） →1件／月（今期末）

第13条　鳥の目、虫の目、魚の目で問題を見つめてみよう

「この数字はおかしいじゃないか」、いつも重箱の隅をつついている主任。「あれだったらこうやればいいんだよ」、うんちくと掛け声ばかりの係長。「でも他の部署がうんというのかなあ」、ただ心配性の先輩。

新しい企画をみんなに話しても、いつもこんな感じで、結局、ボツになってしまう。

十分に検討せずに提案してしまうのも問題ですが、取り組む問題があれば、

高い位置から「鳥の目」で全体を見渡します。低い視線で一点を「虫の目」で観察します。周囲の環境変化を「魚の目」でとらえます。

常に3つの目で見ることによって、問題の構造を明らかにすることができます。

また「木を見て森を見ず」ということがないようにします。「上ばかり見ているヒラメの目」も困りものです。

「3つの目で眺めてみよう」

◎ 3つの目で問題の構造を考えよう

問題を打破するには、問題の構造を3つの目で明らかにします。

まずは「鳥の目」で全体を見渡し、どこに焦点を当てればいいのかを検討します。このとき、問題を層別すると問題点が見えてきます。問題を現象・装置などで層別し、ウエイトが大きなものに注目します。これが重要な問題点です。

次に、「虫の目」でこの重要な問題点を発生させているプロセスに着目します。問題を発生させているプロセスとは、従事する人の能力、仕事のやり方、機械・システムです。このプロセスから問題点の原因を突き止めます。

また、他に関連する問題がないか「魚の目」で環境の変化を眺めてみます。単独では問題とならなくても、お客様のニーズの変化、法律の改正などから仕事を評価してみると、問題になることがあります。

問題の構造を明らかにするには、まず「鳥の目」で問題の特徴を把握し、重要な問題点を抽出します。そして、とらえた問題点を「虫の目」で背後の問題を明らかにします。また、「魚の目」で関連する他の問題も探ってみます。

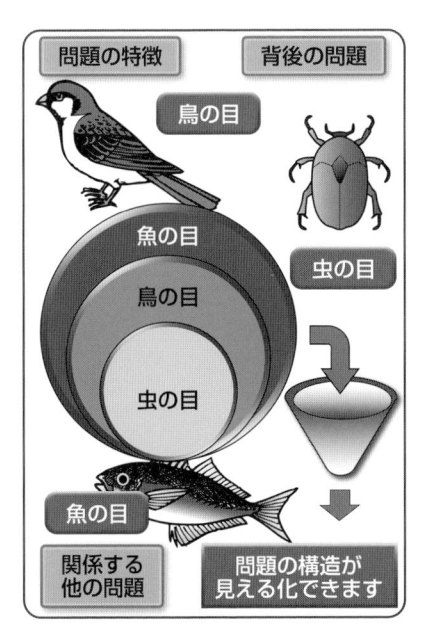

~ コンビニの話 ~

コンビニの新商品入れ替えは激しい。あるコンビニは週約100点の新規商品が発売される。さらに店舗で扱う約2500点の7割の商品が1年で消え、新しいものに変わる。新しもの好きの消費者を飽きさせない工夫だそうだ。

でも、全部の商品を入れ替えないのはなぜか。売れるから置いているもの、売れそうだから置くもの、売れないけれど置いているもの。コンビニの三部構成は絶妙なバランスで保たれている。

54　第2章　問題に気づき、真の原因を見える化する9か条

◎ Excel 解析 4.「散布図」

散布図を作成するには、「挿入」タブの「グラフ」の中の「散布図」で作成し、見やすくなるようにグラフの修正を行います。手順は次の通りです。

手順1：データ表を作成し指定する

ここでは、20人の身長と体重のデータの散布図を作成します。

手順2：散布図を作成する

「挿入」タブの「グラフ」の中にある「散布図」から、「点の散布図」アイコンをクリックします。

手順3：縦軸・横軸の目盛を修正する

各軸にカーソルをあてて右クリックします。「軸の書式設定」の目盛から最小値、最大値を「自動」から「固定」にし、値を入力します。グラフの補助線を左クリック→右クリック→削除で、補助線を削除すると見やすくなります。

手順4：「数式」タブの「関数」から相関係数を計算する

「関数」相関係数：CORREL=0.782

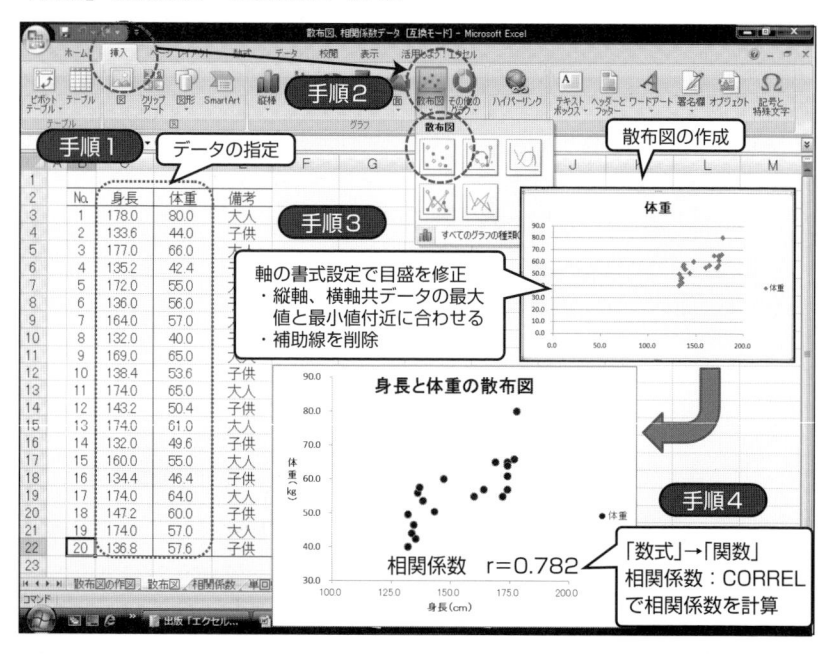

◎ Excel で回帰直線を書いてみよう

散布図から回帰直線（Excel では、近似直線）を引く手順は、次の通りです。

手順5：近似直線を引く準備をする

散布図の「点」をクリックし、点を指定します。その後、右クリックします。「近似曲線の追加(R)」をクリックします。

手順6：近似直線を設定する

「近似曲線の書式設定」の「近似曲線のオプション」画面上で、「線形近似(L)」にチェックマークを入れます。さらに、「☑グラフに数式を表示する(E)」と「☑グラフに R-2 乗値を表示する(R)」にもチェックマークを入れます。「閉じる」をクリックします。

手順7：回帰直線の入った散布図が完成する

回帰式：$y = 0.3994x - 5.3461$　身長 x の値から体重 y の値が予測できます。

寄与率：$R^2 = 0.612$　体重 y を決定づける身長 x の割合を示します。

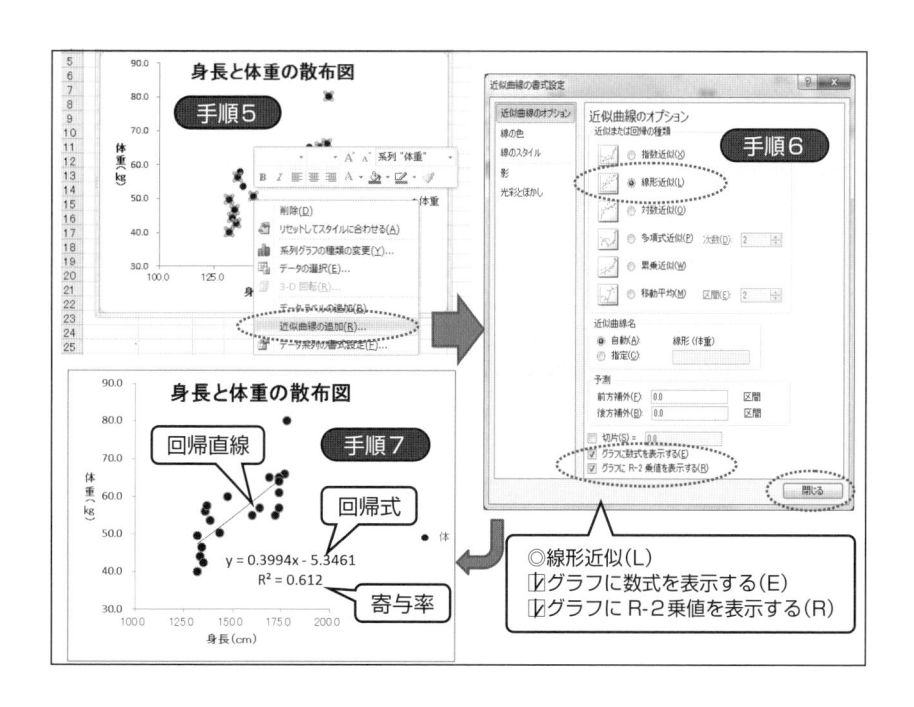

第14条　手法は使うもの、使われるものではない

原因を追求するには、特性要因図。特性要因図は発生している原因をつかむためには有効な手法です。

でも、こんな場合……

まだ使ったことのない機器の故障を予測したいとき、特性要因図では、故障を予測できません。

手法は、料理に例えると鍋、フライパン……なんでも手鍋1つで料理した学生時代。鍋でご飯を炊き、ラーメンを作り、魚を焼いた経験のある方は、うまい料理にめぐりあえているとは思えません。

ご飯は炊飯器で炊いて、魚はアミで焼いたほうがいい。素材に合った道具が必要なように、問題解決に合った手法が必要です。

特性要因図、パレート図は有効な手法ですが、万能ではありません。

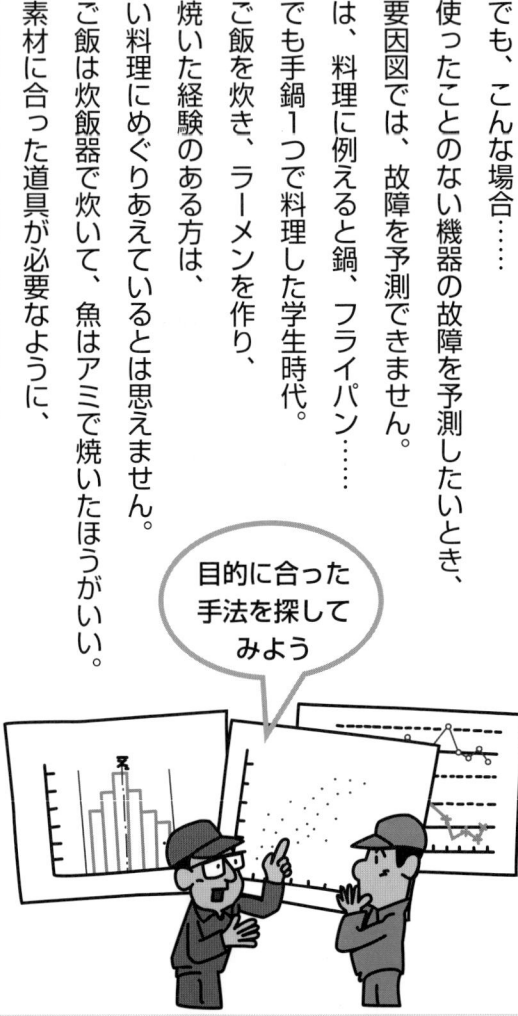

※目的に合った手法を探してみよう

第14条　手法は使うもの、使われるものではない　57

◎ 目的に合った手法を活用してみよう

　事実のデータから必要な情報を取り出す手段に使われるのが手法です。手法には、多くの種類があり、それぞれが特徴を持っています。したがって、目的に合った手法を使うことによって、問題を解きほぐすことが可能になります。

　問題を解決するのに役立つ基本的な手法に、「QC 七つ道具」と「新 QC 七つ道具」があります。数値データから情報を得るには QC 七つ道具を使います。言語データがある場合は新 QC 七つ道具を使うといいでしょう。

　製造工程の不良発生状況を知りたいとき、少数のサンプルから母集団である製造ライン全体の状態を推測するには、検定・推定、分散分析、相関・回帰分析などの「統計的手法」が役に立ちます。

　生産性向上や効率化を検討するにあたっては、「IE」や「プロセス改革」、「VE」なる手法があります。お客様や社員のニーズを知るには「アンケート解析」や「マーケティング分析」などがあります。さらに、未然防止やリスクマネジメントを検討するには、FMEA や FTA などの「信頼性手法」があります。

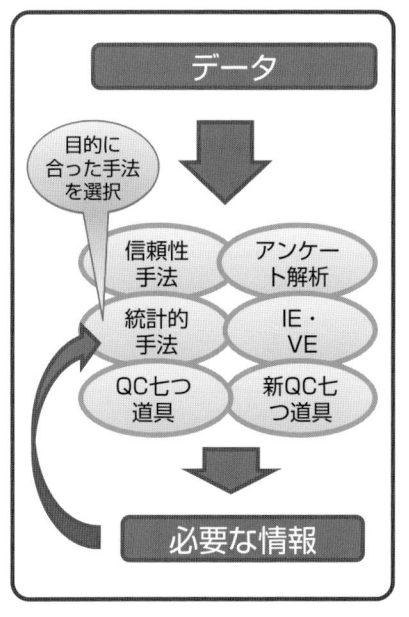

～　目的の話　～

　仕事には、必ず目的がある。その目的達成のために、意思疎通を図り、知識を醸成し、情報を提供する。

　その具体的な手段として、例えば、会議を行ったり、教育をしたり、マニュアルを作成する。

　だからといって、教育をしたり、マニュアルを作成することが目的じゃない。「何をしたいか」をきちんと整理してから、「何をするか」を考えよう。

　目的と手段を間違えてはいけない。

◎ Excel 解析 5.「層別散布図」

Excel で散布図を層別する手順は、次の通りです。

手順1：並び替えるデータの範囲を指定します。

手順2：「データ」タブの「並び替え」をクリックします。「優先されるキー」の中に、並び替える項目「備考」を指定します。

手順3：「OK」をクリックすると並び替えられたデータ表が表示されます。

手順4：第1層別散布図を作成します。散布図の点を指定します。右クリック→「データの選択」→「データソースの選択」の「編集(E)」を指定します。

手順5：「系列の編集」画面で諸元を入力します。系列名(N)　層別するデータの名称を「子供」、系列Xの値(X)　X軸のデータを入力、系列Yの値(Y)　Y軸のデータを入力します。

手順6：「データソースの選択」画面の「追加(A)」を指定します。

手順7：系列名(N)　層別するデータの名称「大人」を入力します。系列Xの値(X)　X軸のデータを入力し、系列Yの値(Y)　Y軸のデータを入力します。

以上の結果、大人と子供に層別した散布図が表示されます。

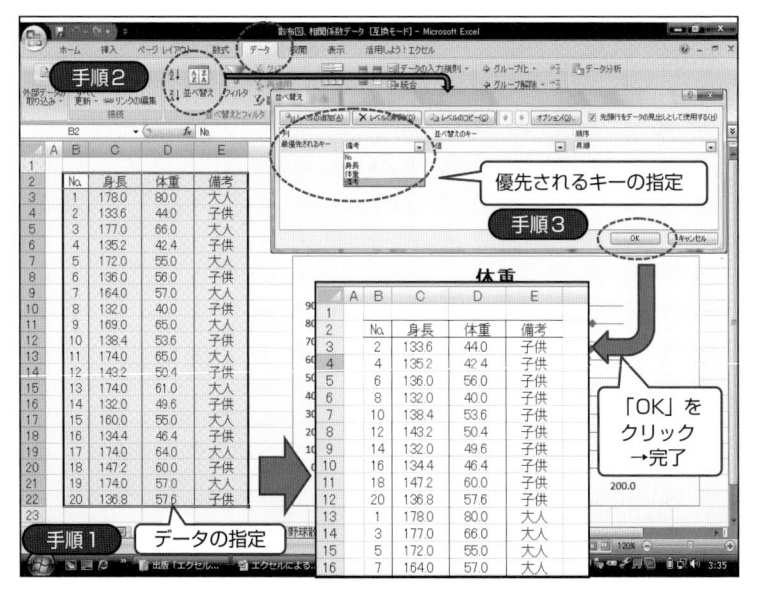

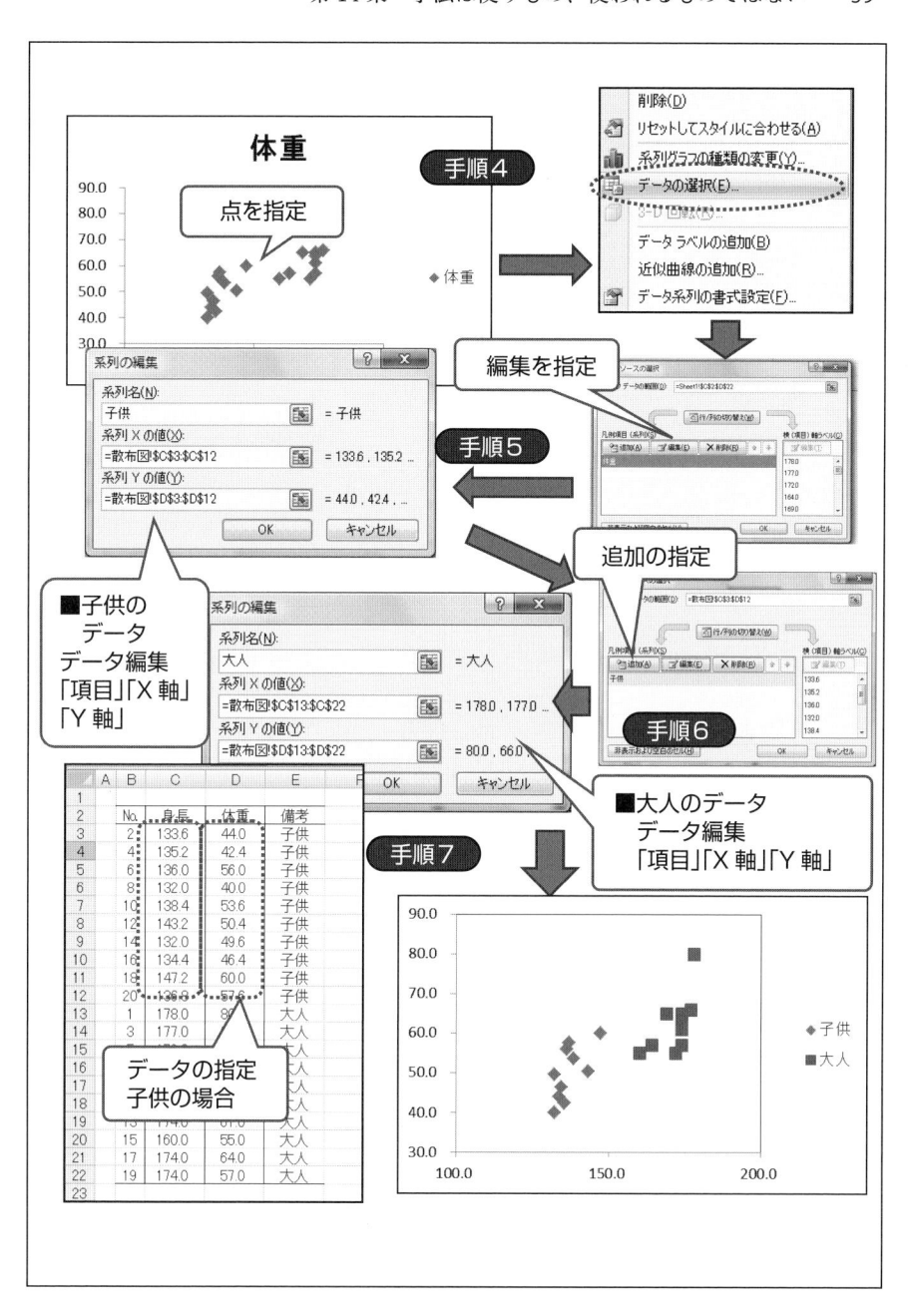

第14条　手法は使うもの、使われるものではない　59

第15条　目標値は数値で決めた方が、誤解が生じない

ある子供が、「今度のテストでいい点を取ったらお小遣い上げて」

おかあさん「いいわ、がんばってね」

数日後、テスト結果を見せて「ほら、いい点だよ、お小遣い上げてね」

おかあさん「なに、60点じゃない、そんな点でお小遣いは上げられないわ」

ぼく「……」

この子供は、60点も取ればいいと思った。

おかあさんは、いい点とは80点以上を頭に描いてた。

こんなとき、ぼく「今度のテストで60点取れば、お小遣い上げて」

おかあさん「いや80点以上じゃないとだめ」

ぼく「せめて70点！」

と数値で約束すると行き違いが生じない。

改善活動後の目標が達成できたかどうかを見るには、目標値を数値で表した方がいい。

約束ごとは数値で決めよう

第15条　目標値は数値で決めた方が、誤解が生じない　　61

◎ 目標は数値で決めよう

　目標は、取り上げた問題を、いつまでに、どの位にするのかで設定します。このとき、テーマの達成度合いを最もよく表している数値で設定します。

　例えば、ミス発生件数、ライン停止回数などが考えられますが、目標項目が数値で表しにくい場合は、次頁で紹介するSD法（p.62参照）や業務特性値（p.63参照）などで設定して目標値を数値化します。

　目標の達成期日は、通常、活動を始めてから3カ月後、6カ月後、あるいは期末といった時期に決めることが多いものです。

　目標値は、設定した目標項目について、努力してつぶせる少し高い値を設定します。また、上位方針で「不良率30％低減」などと目標値が決まっている場合は、その値を目標値にします。

　事務・管理部門では、仕事の目的から指標化する方法があります。例えば、「効率化」に取り組んだとき、「効率化指標＝期限内処理率×ミス低減率」などと事実の数値から数値化する工夫をしてみます（p.63参照）。

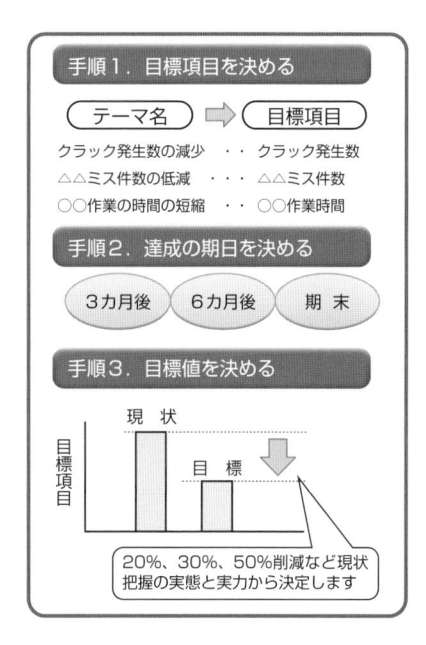

手順1. 目標項目を決める

テーマ名　➡　目標項目

クラック発生数の減少　・・　クラック発生数
△△ミス件数の低減　・・　△△ミス件数
○○作業の時間の短縮　・・　○○作業時間

手順2. 達成の期日を決める

3カ月後　　6カ月後　　期末

手順3. 目標値を決める

現状　→　目標
20％、30％、50％削減など現状把握の実態と実力から決定します

～ 「がんばり度」の話 ～

　「がんばった」ほど曖昧な言葉はない。寝る間も惜しんで挑戦、がむしゃらに勉強したから「がんばった」。今までよりちょっと努力したから「がんばった」。よくわからないけどうまくいったから「がんばった」（んだろう）。

　希望する学校の入試にパスしたのか、平均点以上の点数が取れたのか、たまたま赤点を免れたのか。

　目標を「見えるもの」にすると、自分の「がんばり度」も見ることができる。

◎ 抽象的な評価を SD 法で数値化してみよう

SD 法(Semantic Differential Scale)とは、評価したい項目の質問に回答の度合いを並べておき、評価者がどのカテゴリに属するかを記入し、評価レベルを数値化する手法です。

例えば、技術レベルを評価したいとき、「○○操作は1人でできるか」という質問を行い、技術レベルを5段階で「5点、4点、3点、2点、1点」と設定し、当てはまる値に印をつけます。その結果から平均値を計算することで、「操作技術度○○点」と数値化することができます。

SD 法による質問のポイントは、次の通りです。

Point 1：評価尺度となる質問を作成する
Point 2：評価段階数は、一般的には 5 段階が評価しやすい
Point 3：評価点は、「5、4、3、2、1」とする
Point 4：評価点と人数を掛算した値の累積値を人数で割った値を「SD 値」といい、質問項目の評価レベルを見える化することができる

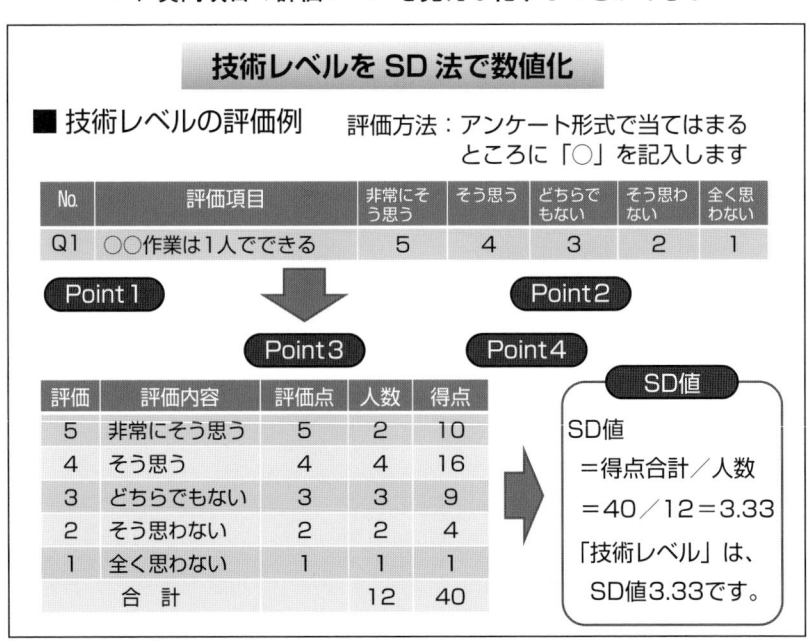

技術レベルを SD 法で数値化

■ 技術レベルの評価例　　評価方法：アンケート形式で当てはまるところに「○」を記入します

No.	評価項目	非常にそう思う	そう思う	どちらでもない	そう思わない	全く思わない
Q1	○○作業は1人でできる	5	4	3	2	1

Point 1　Point 3　Point 2　Point 4

評価	評価内容	評価点	人数	得点
5	非常にそう思う	5	2	10
4	そう思う	4	4	16
3	どちらでもない	3	3	9
2	そう思わない	2	2	4
1	全く思わない	1	1	1
	合計		12	40

SD値
＝得点合計／人数
＝40／12＝3.33
「技術レベル」は、SD値3.33です。

◎「業務特性値設定ワークシート」で事務業務を数値化してみよう

事務業務など業務の目的から仕事の特性を数値化する手順は、次の通りです。

手順1：対象となる仕事の目的を考えて書き出す
手順2：目的からキーワードを考えて指標的表現に置き換える
手順3：キーワードの指標的表現の関係を式にする
手順4：指標的表現を具体的な測定データの式で表す
手順5：具体的に測定するデータを設定する

例えば、「○○業務の効率化」という目的に対し、効率化指標を数値化すると次のようになります。ある月の全処理件数60件の内5件が期限内に処理できませんでした。また、ミス件数は3件で、前月のミス件数は5件でした。このときの効率化指標は、

$$期限内処理率 = \frac{60-5}{60} = 0.917 \qquad ミス低減率 = \frac{5}{3} = 1.67$$

$$効率化指標 = 0.917 \times 1.67 = 1.531$$

と数値で表すことができます。

実践ワークシート6　業務特性値設定ワークシート

手順	検討事項	指標化への計算方法
手順1	対象となる仕事の目的を考えて、書き出す	目的：効率的な仕事を行う
手順2	目的からキーワードを考えて、指標的表現に置き換える	早く → 期限内処理率 正確な → ミス低減率
手順3	キーワードの指標的表現間の関係を式にする	効率化指標＝期限内処理率×ミス低減率
手順4	指標的表現を具体的な測定データの式で表す	効率化指標＝期限内処理率×ミス低減率 　　　　　＝(b/a)×(d/c)
手順5	具体的に測定するデータを設定する	a＝全件数　　b＝期限内処理件数 c＝当月ミス件数　　d＝前月ミス件数

第16条　サスペンスドラマ、何時まで見ますか

原因を追求するために書いた特性要因図、重要要因を改善メンバーの挙手で抽出します。

でも、この時点では仮説なのです。事実でない場合もあります。だから検証が必要なのです。

例えば、「サスペンスドラマ」始まって10分ほどすれば、車内から悲鳴が聞こえてきます。殺人事件の始まりです。

場面が変わり、警察の小部屋に刑事が集まり、容疑者をリストアップしている。

こいつか、いやあいつか、と。

このとき、9時15分、ここでコマーシャルが入ります。

コマーシャル終了後、1時間かかって、真犯人を捜すべく、足取り調査、証拠固め、アリバイ立証などなどがあり、10時30分過ぎにやっと真犯人の目星がつきます。

あなたは、サスペンスドラマを何時まで見ますか。

犯人はどいつだ？

◎ 虫の目で"なぜなぜ"を繰り返し原因を探してみよう

　問題の原因を明らかにするときは、まず4Mの観点から「なぜなぜ」を繰り返し、問題に影響していると思われる要因を洗い出します。4Mとは、その仕事に従事する人たち（人：Man）、製造機械や業務処理システム（機械：Machine）、取り扱う原材料や書類（材料：Material）、その仕事のやり方（方法：Method）の頭文字を取ったものです。この4Mを特性要因図の大骨に設定します。

　特性要因図の大骨ごとに「なぜなぜ」を繰り返し、洗い出された要因から、重要と思われる「主要因」を抽出します。主要因は、重要だと思われる要因を3～5抽出します。このとき、ブレーンストーミング法や現場・現物・現実（三現主義）での観察をよく行い、その結果を特性要因図に書きます。

　そして、問題と重要要因との関係をデータで検証します。要因が問題にどう影響しているか仮説を立て、それが正しいか検証して結論を出します。このとき、事実のデータからヒストグラムや散布図を書いて検証します。さらに、実験計画法にチャレンジしてみると品質特性の最適値をみつけることができます。

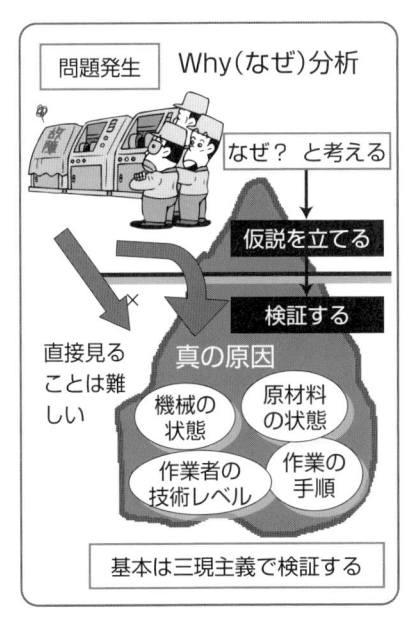

～　こだわりの話　その２　～

　懸賞で薄型電子機器が当たった。箱の中に取扱説明書はない。ホームページからダウンロードするそうだ。

　氏名や住所を入力する画面になった。使用方法を知るのにどうしてそんな情報が要るのか？　次はクレジットカード番号を入力する画面になった。さらに疑問が深まる。翌日、職場の若い子に聞いてみた。「そんなの気にすることないですよ」、「一度登録しておくと便利ですよ」。

　個人情報の入力にどうしても抵抗のあるおじさんは、いまだに使えないでいる。

◎ 実験計画法で最適値を検討しよう

　実験計画法とは、「どの要因が特性に影響を与えているのか」、その要因が特性に影響を与えているなら「どのような値に設定すれば最適な特性値が得られるのか」を知ることができる手法です。

　代表的な実験計画法には、一元配置分散分析、二元配置分散分析などの要因配置型の実験があります。3つ以上の要因を取り上げると実験回数が多くなるため、効率的な実験を計画する直交配列表実験が使われます。また、実験を行う時間と装置の関係から同一環境で実施できない場合、環境条件による効果を分離させて、本来の要因の効果を解析する方法として乱塊法があり、因子の水準が変更できない場合、ある水準を固定してランダムに実験を行う分割法があります。

　このうち、一元配置分散分析と二元配置分散分析は、Excelの分析ツールで簡単に解析できますので、ここで紹介します。

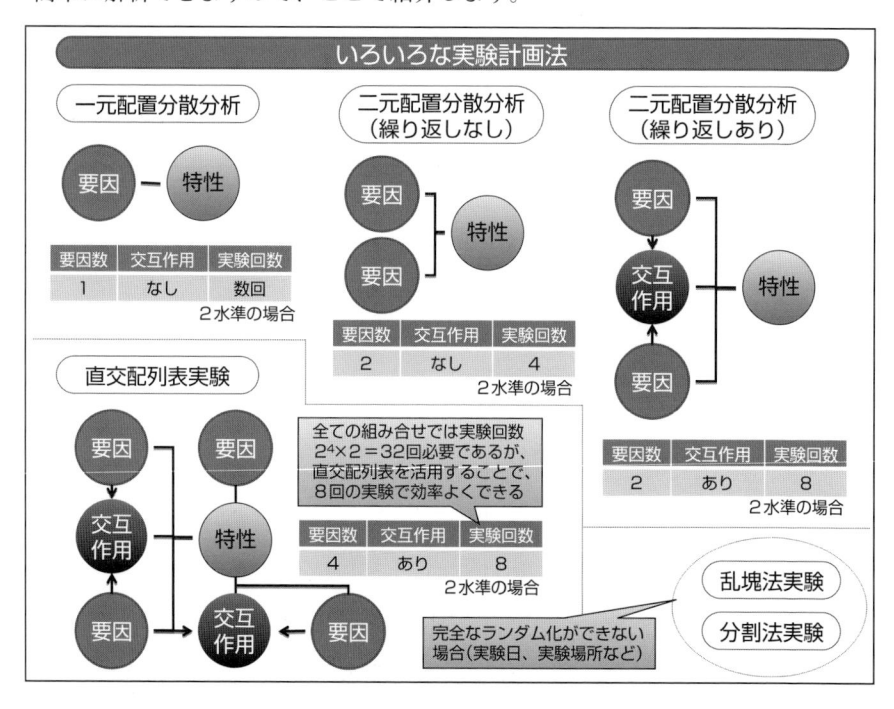

いろいろな実験計画法

一元配置分散分析

要因 — 特性

要因数	交互作用	実験回数
1	なし	数回

2水準の場合

二元配置分散分析（繰り返しなし）

要因／要因 — 特性

要因数	交互作用	実験回数
2	なし	4

2水準の場合

二元配置分散分析（繰り返しあり）

要因 → 交互作用 ← 要因 — 特性

要因数	交互作用	実験回数
2	あり	8

2水準の場合

直交配列表実験

要因・要因・交互作用・特性・交互作用・要因

全ての組み合せでは実験回数 $2^4 \times 2 = 32$ 回必要であるが、直交配列表を活用することで、8回の実験で効率よくできる

要因数	交互作用	実験回数
4	あり	8

2水準の場合

完全なランダム化ができない場合（実験日、実験場所など）

- 乱塊法実験
- 分割法実験

◎ Excel 解析 6.「分散分析」

手順 1：データ表を作成する

手順 2：分析ツールを起動し、解析の種類を選択する

「データ」タブの「データ分析」→「分析ツール」から解析を選択します。

① 「分散分析　一元配置」－1つの要因の効果を調べる。
② 「分散分析　繰り返しのない二元配置」－2つの要因の効果を調べる。
③ 「分散分析　繰り返しのある二元配置」－2つの要因と交互作用を調べる。

手順 3：諸元（データ、行数、有意水準、出力先など）を入力する

手順 4：分散分析表が表示される

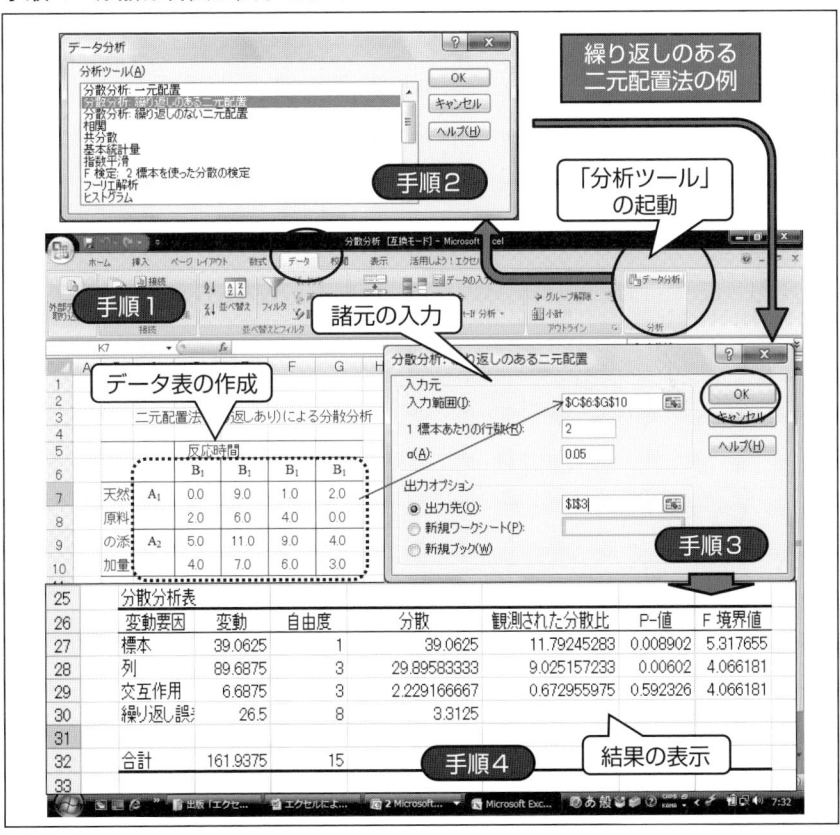

第17条　目的に合わせて連関図、特性要因図、FT図を使い分けてみよう

ある日の製造現場。特性要因図で原因を考えています。なぜなぜを3回繰り返すのは基本であり、Aのはなぜ？。Bだから、Bなのはなぜ？。と繰り返します。「あ！これか」。これが原因です。

なぜ職場が楽しくないんだ？特性要因図を書いてみました。4Mで層別してみましたが、同じ原因があちらこちらに出てきて困りました。

そんなときは連関図の出番です。

機械好きのAさんは、問題の製品をおもむろに分解し始めました。部品をさらに分解し、ねじやばねにまで分解しました。その結果をFT図にまとめました。

そんなとき、一つの歯車の減りが均一でないことに気がつきました。

原因を追求するにも、手法は一つとは限りません。

> 目的に合わせた手法を選ぶと原因がわかるよ

第 17 条　目的に合わせて連関図、特性要因図、FT 図を使い分けてみよう　　69

◎ 目的に合わせた図で原因を探ってみよう

　製造現場で不良が発生しているとき、「不良が発生する」を特性とした特性要因図を書きます。書き方は、4M（人、機械、材料、方法）を大骨に設定し、大骨ごとに「なぜ？なぜ？」と考えて原因を探していきます。

　お客様から不安感を持たれたとき、「お客様に不安を与える」を問題に連関図を書きます。書き方は、問題の具体的な現象を 1 次要因として書き出します。そして、順次、2 次要因、3 次要因を抽出し、核心の原因を明らかにします。

　故障の発生メカニズムを事前に明らかにするときには、「異物が混入する」というトラブル内容をトップ事象において、FT 図を書きます。トップ事象から事象を展開し、AND と OR の論理記号で結びつけていき、重要な基本事象を明らかにします。

　問題の原因を探索するにもいろいろな図が使えます。ハード中心の問題なら FT 図を、ソフト中心の問題なら連関図を、そして、ハードとソフトが入り混じった問題なら特性要因図といった選択をしてみてもいいかと思います。

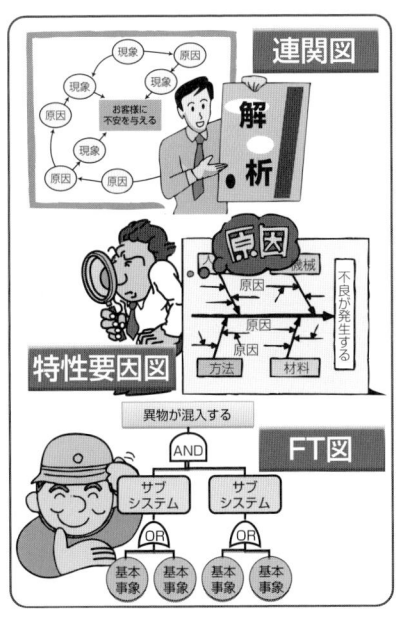

～　時計の話　～

　時計と一口にいっても、いろいろなものがある。時間が知りたいなら掛け時計や置き時計。携帯するなら腕時計や懐中時計。時間を計るならストップウォッチ。アナログ式、デジタル式、電波式、電池式、手巻き式 etc…。

　用途によってデザインも異なる。ビジネスならシンプルなものや海外時間がわかるもの、おしゃれならドレスウオッチ、レジャーならダイバーズウオッチ etc…。

　もちろん好みもあるけれど、目的に合った時計を選ぼう。

◎「原因追求FTワークシート」で原因を考えてみよう

　問題を解決するには、真の原因をいかにつきとめるかが勝負となります。その真の原因を突き止める基本が「Why（なぜ？）」を考えることです。

　Why（なぜ？）分析は、原因を追求する問題を設定し、その発生内容と状況の説明を記入し、関係者のレベルを同じにします。次に、問題の原因を「なぜ？なぜ？」と繰り返して考え、そのプロセスを系統図に書き出していきます。書き出された結果をFT図にまとめ、評価を行い、真の原因を取り上げます。以上の分析は「原因追求FTワークシート」を活用して、次の手順で実施します。

手順1：取り上げる問題を明確にする

　まず取り上げる問題、例えば、お客様からのクレーム、現在設置されている設備のトラブル、作業者の災害などの安全に対する問題など、発生している内容や状況を具体的に書きます。

手順2：問題が発生している現象を「なぜ？ なぜ？」と考える

　関係者が集まって、問題点に対し「なぜ発生するのか」を考えていきます。最初の内は机上で「なぜ？ なぜ？」と考えますが、行き詰まれば現場へ行って現物を見て、「なぜ？ なぜ？」と考えていきます。実験するのもいいです。

手順3：「なぜ？ なぜ？」の結果を系統図に整理する

　なぜ？と考えて、出てきた事象を系統図に整理し、1つのルートで展開されているところに別の事象がないかどうかを検討していきます。

　1つの事象に対して、2つの事象を別の角度から考えることによって、潜在的原因を引き出すことができます。

手順4：系統図の結果をFT図にまとめ、ANDとORでつないでいく

　系統図の結果をFT図にまとめ、1の事象で上位の事象が起こる「ORゲート」と、2つの事象が起こったとき発生する「ANDゲート」で整理していきます。

手順5：基本事象ごとに重要度のランクづけを行い、真の原因を取り上げる

　これ以上展開できない基本事象ごとに、「発生頻度」と「影響度」から「重要度」を5段階評価し、重要な事象を原因として取り上げます。

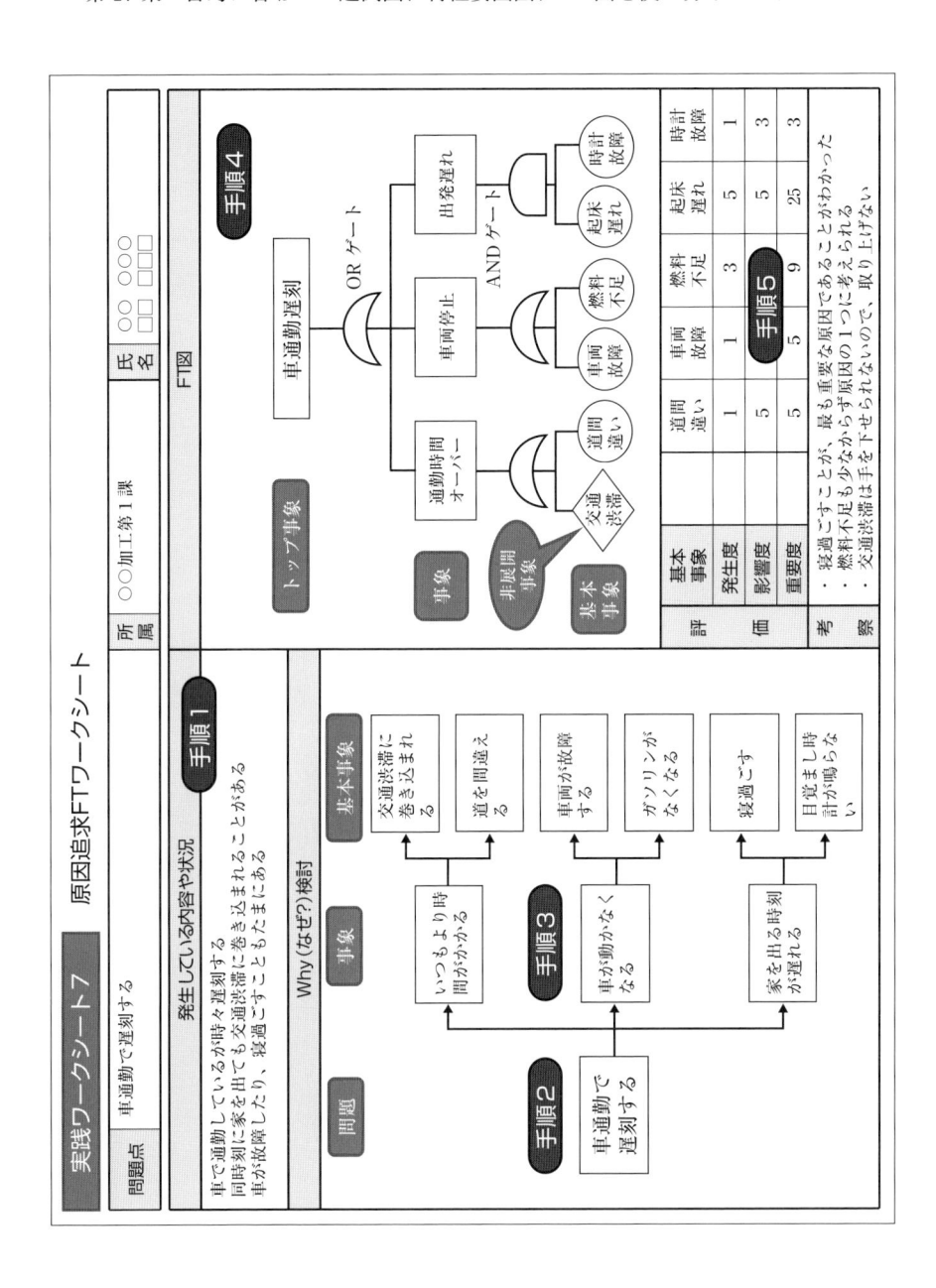

第17条 目的に合わせて連関図、特性要因図、FT図を使い分けてみよう　　71

実践ワークシート7　原因追求FTワークシート

| 問題点 | 車通勤で遅刻する | 所属 | ○○加工第1課 | 氏名 | ○○ ○○○
□□ □□□ |

発生している内容や状況

車で通勤しているが時々遅刻する
同時刻に家を出ても交通渋滞に巻き込まれることがある
車が故障したり、寝過ごすこともまれにある

手順1

Why（なぜ？）検討

基本事象：
- 交通渋滞に巻き込まれる
- 道を間違える
- 車両が故障する
- ガソリンがなくなる
- 寝過ごす
- 目覚まし時計が鳴らない

事象：
- いつもより時間がかかる
- 車が動かなくなる
- 家を出る時刻が遅れる

手順2

問題：車通勤で遅刻する

手順3

FT図

トップ事象：車通勤遅刻（ORゲート）

事象：
- 通勤時間オーバー
- 車両停止
- 出発遅れ

非展開事象：交通渋滞

基本事象：
- 道間違い
- 車両故障
- 燃料不足（ANDゲート）
- 起床遅れ
- 時計故障

手順4

評価	基本事象	道間違い	車両故障	燃料不足	起床遅れ	時計故障
	発生度	1	5	3	5	1
	影響度	5	5	3	5	3
	重要度	5	5	9	25	3

手順5（燃料不足欄）

考察
・寝過ごすことが、最も重要な原因であることがわかった
・燃料不足も少なからず原因の1つに考えられる
・交通渋滞は手を下せられないので、取り上げない

第18条　ばらつきに着目するとロスが見えてくる

今日も残業。いいかげん、早く帰りたい。

ふと思う。今日一日、なにしてたっけ？

9時〜10時30分まで会議、12時〜13時まで昼食休憩、14時〜14時30分まで来客対応、隙間の時間はなにしてた？

そういえば、会議が終わった後、問い合わせの電話があって、提出期限の過ぎた書類の催促電話がかかってきて、調べものを中断して書類を作成中、新着メールが気になって開いてみたら、常務から説明用資料の作成依頼だった。ご丁寧に開封確認がついていたらしく、すぐに確認の電話がかかってきた。

そうこうしているとお昼のチャイムが鳴った。

ムダには、作業、時間、順序、さまざまです。仕事を観察したらムダが見えてきます。

行き当たりばったりからは、そろそろ卒業しよう。

> 行き当たりばったりにはムダが入り込みます

◎ 平均とばらつきから問題を探してみよう

　作業時間が平均30分から60分に変わったとすると、何らかの問題があることがわかります。しかし、作業時間が平均32.1分と同じである2つの事業所であっても、ばらつきの違いから問題が発生している場合があります。

　A事業所では、早くできる人は22分、遅い人でも44分で作業を終えています。ところが、B事業所では17分でできる人もいるかわりに、48分もかかる人がいました。この状態を視覚的に見るにはヒストグラムが有効です。

　データの中心を表す数値に平均値があり、ばらつきの状態を表す標準偏差があります。標準偏差とは、各データと平均値の差（これを偏差といいます）の平均値をいいます。

　上記の例では、両事業所とも平均値は32.1分と同じです。しかし、B事業所の作業時間の標準偏差は7.71分と、A事業所の5.86分に比べて1.3倍の値を示しており、B事業所のばらつきが問題であることがわかります。

　このように、仕事の仕上がりは、平均値だけでなく、ばらつきを見ていくといろいろなことに気づくことができます。

A事業所の作業時間ヒストグラム
平均値：32.1分
標準偏差：5.86分

B事業所の作業時間ヒストグラム
平均値：32.1分
標準偏差：7.71分
問題

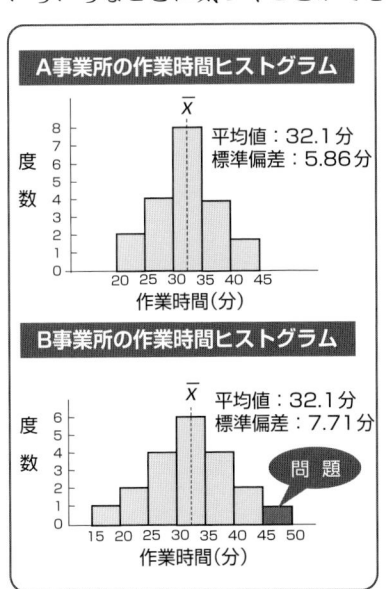

～　疲労感の話　～

　1日の仕事がとても順調にいくときと、どうもうまくいかないとか、はかどらないときがある。

　順調なときはあっという間に時間が過ぎ、心地よい疲労感だけど、はかどらないときは、1日が長く、家に戻ると、ぐったりする。

　そんなときの口癖は、決まって「今日は疲れた」だ。

　毎日同じ作業をしているのに、この違いは何だろう。

◎ Excel 解析 7.「ヒストグラム」

「分析ツール」を使ってヒストグラムを作成し、「関数」を使って平均値と標準偏差を計算します。手順は、次の通りです。

手順1：データを入力します。ここでは、1箱48個のみかんの重さです。
手順2：ルールに従って区間数、区間幅、最小値の下側境界値を求めます。
手順3：データを入れる区間を設定します。最小値のデータから最大値のデータが入る区間を、手順2の結果をもとに計算します。
手順4：「データ」タブの「データ分析」をクリックし、「分析ツール」を起動し、「ヒストグラム」を選択します。
手順5：データ、区間、出力箇所を指定し、グラフ作成に「✓」を入れます。
手順6：出力されたヒストグラムの形をグラフの書式設定などで整えます。
手順7：「数式」タブの「関数」から平均値、標準偏差を計算します。

 ① 平均値 ：=AVERAGE(B3:E14)=85.89583
 ② 標準偏差：=STDEV(B3:E14)=2.675655 注) Excel 2010 では「STDEV.S」

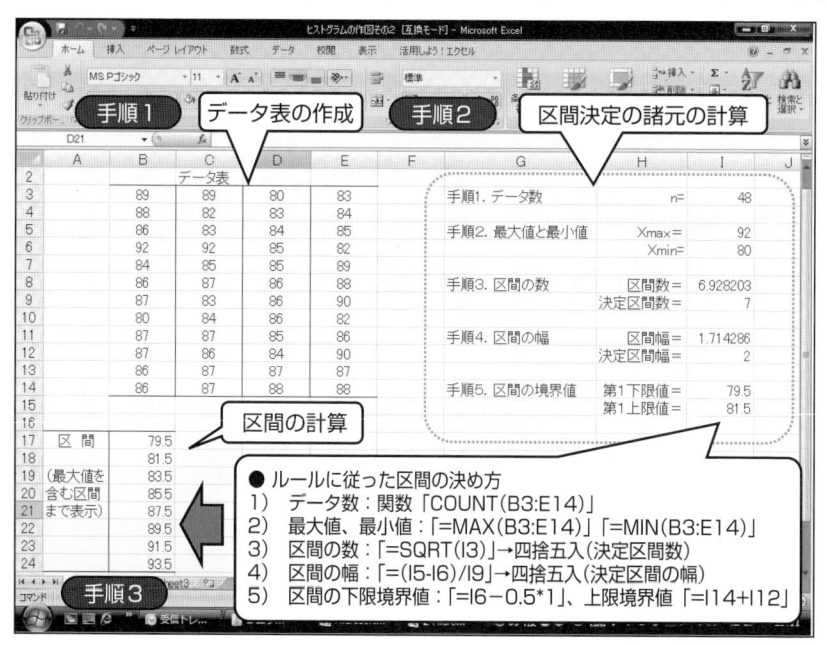

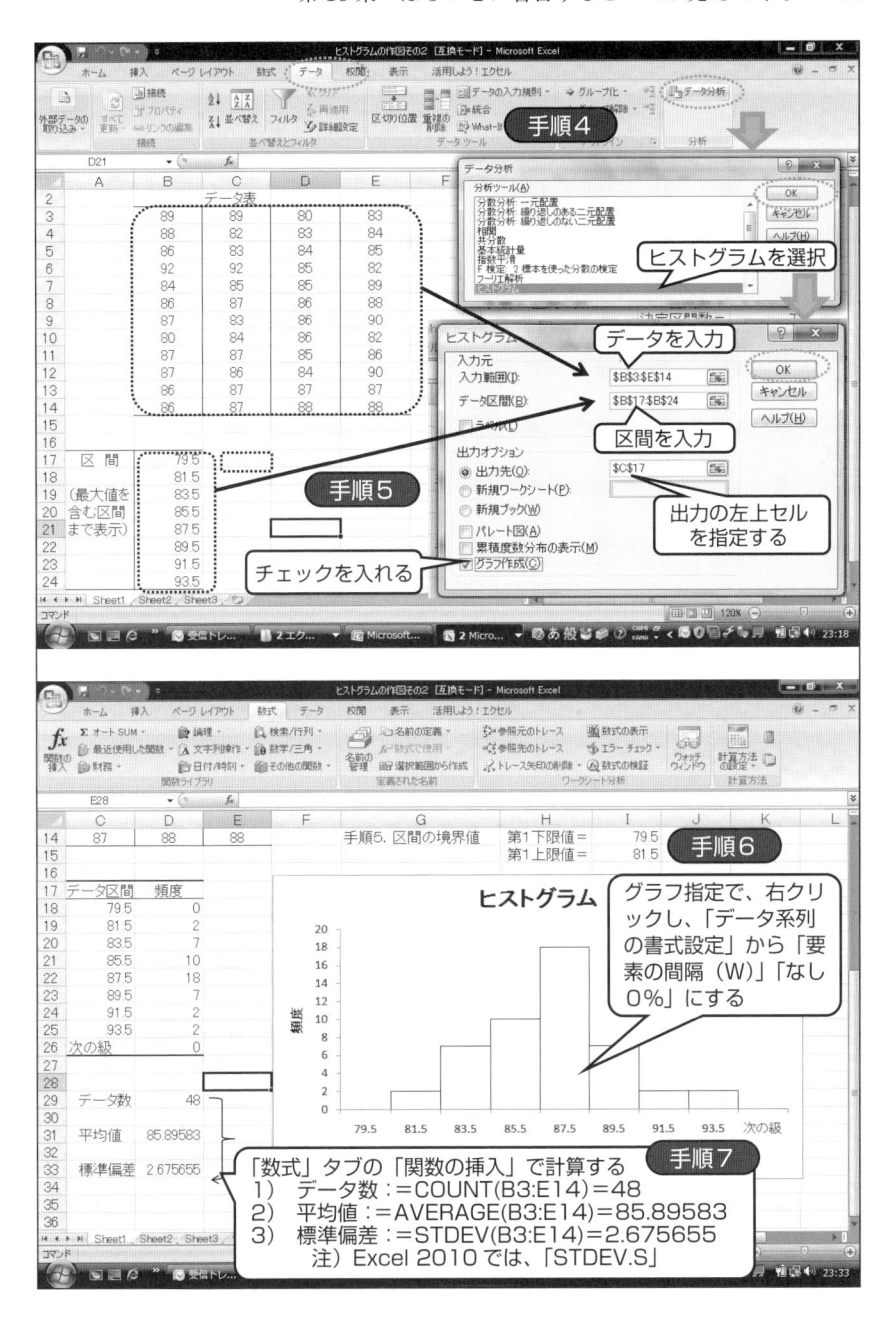

第18条　ばらつきに着目するとロスが見えてくる　75

コラム2　少し離れて気づくこと

単身赴任して半年、
今まで当たり前であったことが、実はそうでないことに気づく。

家の近くに来たとき、部屋の明かりを見るとホッとする。
「ただいま」と玄関をあけると「おかえりなさい」と返事があれば、
気持ちが穏やかになる。

夕食を食べながら聞く妻の小言。
正直うるさいなあと思ったこともある。
いいかげんな返事をしていたこともある。
でも、話し相手がいるということはありがたいことに気づく。
TVは話しかけても、返事はない。

子供の成長は、こんなに早いものかとも思う。
1週間ぶりに見る我が子は、いつも「大きくなった」と思う。
毎日見ていたときは、気がつかなかったことだ。

近すぎてわからなかった
よさや悪さは、
少し離れてみると、
気づいたり、わかったりするの
かもしれない。

第3章

職場で息づいている よい対策に 結びつける 9か条

第19条　ヒントだけでいいアイデアは浮かびません

ヘンリー・フォードは、シカゴの精肉出荷工場で、牛肉を天井トロリーコンベアで動かしながら、職人たちがロース、ランプ、サーロインと肉を切り分けているのを見て、自動車生産に応用できないかを考えたといわれています。

ニュートンは、リンゴが木から落ちるのを見て、万有引力の法則を発見しました。

その上に、ヒントが加わると、いい発見をします。

日頃から、「何かある」と思い続け、「なにかしたい」と思い続けることと、多くの情報を取り入れようとする努力を、常日頃からやっているかどうかがキーです。

その上で、ヒントが加われば、アイデアが形になります。

ヒントだけでは、いいアイデアは浮かびません。

「思い込み」、「情報」と「ヒント」でいいアイデアが生まれます。

> 思い悩んだ後……
> そうだ！
> これだ！

◎ 知識と思い込み、そしてヒントでアイデアが生まれる

　アイデアを発想するには、何が何でも問題を打開しようという強い思いと、問題に関連する情報（問題の実情や原因）や固有技術が必要になります。その上で、ある瞬間に見たヒントが新たなアイデアを生み出してくれます。

　多くのアイデアを出すには、まず、目標を決めて無理やり考えてみます。例えば「最低50のアイデアを出す」と強制します。最初のうちはいろいろとアイデアが出てきますが、10個ぐらいのアイデアが限度です。そこで、「まともに考えてもダメだ！」と開き直って、なんでもかんでも数を出していくと、そのうちに「これか！」と素晴らしいアイデアが出てくることがあります。そのためには、固定観念を乗り越える必要があります。この固定観念を乗り越えるためには、日頃から情報収集をしっかりと行う必要があります。

　また、発想と評価を同時に行わないようにします。たとえ、つまらないアイデアが出てきても否定せず、「うん、いいね」と一旦認めてみます。そして、そのアイデアから連想して「これならどうか？」と発想を進めていきます。

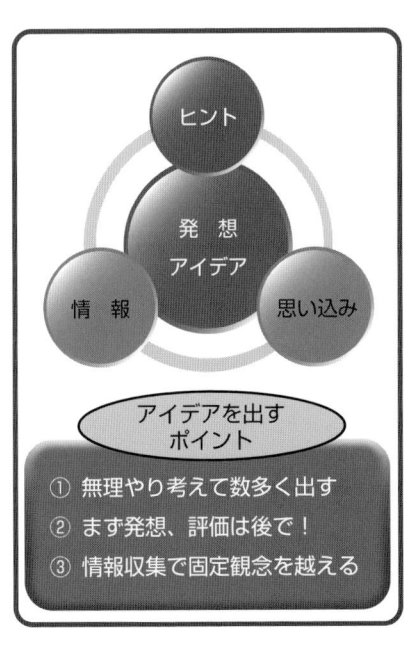

アイデアを出すポイント
① 無理やり考えて数多く出す
② まず発想、評価は後で！
③ 情報収集で固定観念を越える

〜　ひらめきの話　〜

　ひらめきは人それぞれ。頭の隅っこにずっとあった"気になること"が、時に線香花火に火がついたように突然に、霧が晴れるように静かに、目の前に浮かび上がる。それは、何気ない会話からだったり、ふと見た光景からだったりする。

　隣に座るアイデアマンは、最近、画期的な企画を提案した。彼によると、その企画は、出張帰り、地下鉄から外に出て、青い空を見た瞬間にひらめいたそうだ。

　たまには青空と会話してみよう。

◎「チェックリスト法発想ワークシート」でアイデアを出してみよう

　手軽にアイデアを考える発想法に、オズボーンの9つのチェックリストがあります。この9つのチェックリストをヒントに、「チェックリスト法発想ワークシート」を使って、不要になったペットボトルの使い道を考えてみましょう。

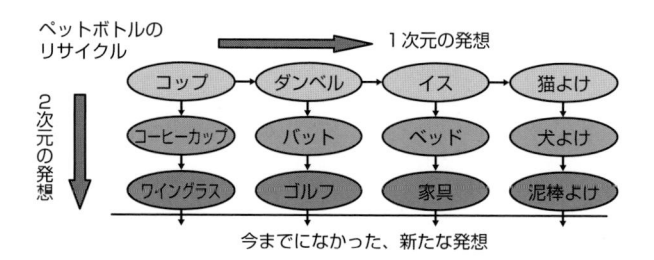

```
ペットボトルの
リサイクル          →  1次元の発想
  ┌─────┐  ┌─────┐  ┌─────┐  ┌─────┐
  │コップ │→│ダンベル│→│ イス  │→│猫よけ │
  └─────┘  └─────┘  └─────┘  └─────┘
2次元   ↓        ↓        ↓        ↓
の発想
  ┌──────┐ ┌─────┐ ┌─────┐ ┌─────┐
  │コーヒーカップ│ │ バット│ │ ベッド│ │ 犬よけ│
  └──────┘ └─────┘ └─────┘ └─────┘
      ↓        ↓        ↓        ↓
  ┌──────┐ ┌─────┐ ┌─────┐ ┌──────┐
  │ワイングラス │ │ ゴルフ│ │ 家具 │ │泥棒よけ │
  └──────┘ └─────┘ └─────┘ └──────┘
          今までになかった、新たな発想
```

　例えば、ペットボトルのリサイクルを考えた場合、まず、「コップ」、「ダンベル」、「イス」、「猫よけ」……と考えたら、次に、「コップ」、「コーヒーカップ」、「ワイングラス」と縦に考えていくと、その先に気がつかなかったアイデアが見つかるかもしれません。

実践ワークシート8	チェックリスト法発想ワークシート
アイデアを考えるもの	不要になったペットボトルの利用方法
チェックリスト	アイデア
①他に使い道は？	・水入れ　・コーヒー入れ　・水稲　・水枕　・猫除け ・米入れ　・お茶入れ
②応用できないか？	・花壇の溜　・窓枠の飾り　・照明器具　・一輪差し ・保冷の氷　・手洗いの水入れ
③修正したら？	・コップ　・計量カップ　・湯呑　・じょうご　・コースター ・鍋敷き　・つまみ入れ
④拡大したら？	・いかだ　・椅子　・テーブル　・ベンチ　・踏み石 ・ブロックの代わり　・ステンドグラス
⑤縮小したら？	・花壇の土　・水切りの敷物　・アートデザインの材料 ・壁土　・切り絵の材料
⑥代用したら？	・肩たたき　・踏み竹　・電気の傘　・ボーリングのピン ・子供野球のバット　・ゴマすり器
⑦アレンジしなおしたら？	・作業服　・レインコート　・再生ペットボトル ・糸　・食品を入れる容器　・ブローチ
⑧逆にしたら？	・水タンクに入れて水洗トイレの節水　・水を凍らせて冷蔵庫 ・野外で使う枕
⑨組み合わせたら？	・水ロケット　・ヌンチャク　・木槌　・電気スタンド ・バーベル　・木琴　・マラカス

◎「焦点法発想ワークシート」でアイデアを出してみよう

焦点法とは、テーマに対し、次元の違う任意のキーワードをでたらめに選び、これをテーマと強制的に結びつけることでアイデアを得る手法です。

焦点法で発想する手順は、次の通りです。

手順1：アイデアを出すテーマを考える
手順2：焦点を当てるものを探す

焦点に当てるものは、アイデアを考える対象と全くかけ離れたものほどよいアイデアが出てきます。

手順3：焦点の特徴を考え、特徴から中間アイデアを引き出す
手順4：中間アイデアから具体的なアイデアを考える

ここでは、「焦点法発想ワークシート」を活用して、"子犬"に焦点を当てて、画期的なレストランの企画書をまとめています。

実践ワークシート9　　焦点法発想ワークシート

アイデアを考えるもの	焦点を当てるもの
手順1　　レストラン	手順2　　子　犬

焦点の特徴	中間アイデア	対象のアイデア
小さい	カロリーを考える（手順3）	健康を考えたヘルシーメニューを提供する
ヨチヨチ歩く	安全を考える	高齢者も安心して利用できるようにする
表情があどけない	可愛さがあふれる	おとぎの国のような内装にする
心が和む	疲れが取れる	お客様の名前を入れた料理を出す
手がかかる	面倒見がよい	送迎サービスを行う（手順4）

アイデアをまとめる	建物はおとぎの国の内装とし、手すりをつけるなど高齢者にも安心して利用できる設備にする。ヘルシーメニューも加え、最寄りの駅からの送迎サービスを行うレストランにする。

第20条　人の意見に悪乗りして　みよう

「こんなことを考えているのだが」と配られるA4資料1枚。手書きの簡単なものだが、その人の思いが詰まっています。概要と背景、目指す方向と要点を簡単に話した後、議論に入り、「率直な感想を聞きたいのだが」と、ざっくばらんに人を指します。集まった人全員に、自分の言葉で発言させます。

「○○さんと同じで」といいかけた新人に一言。「人と全く同じということはありえない。君の言葉で！」

「それでは、こんなアイデアどうでしょうか」

人の意見に悪乗りしてくるのも大歓迎。

そんな何気ないやり取りの中から、

「それいいねえ」
「おもしろい！」
「なるほど」と、

知らない間に新しいアイデアが生まれてきます。

この間、約20分。

こんなのどう？

それならこんなのどうだろう

◎ 議論で新たなアイデアを考えよう

　人の意見に耳を傾け、自分の意見をみんなに話し、お互いが議論することによって、新たな発想が生まれます。

　発想の仕組みを考えるとき、「ジョハリの窓」というものがあります。ジョハリの窓とは、自分と他人の知っている部分と知らない部分から4つの「窓」を設定し、順次窓を開いて新たな発想を引き起こそうというものです。

　自分が「知っていること」と「知らないこと」があります。これは他人も同じです。自分は知っているが他人が知らない部分を「隠された窓」といい、知っていることを他人に話すことによって、この窓は開きます。また、他人は知っているが自分は知らない部分を「気づかない窓」といい、人の意見を素直に聴くことによって、この窓は開きます。

　この2つの窓が開くことによって、お互いが今まで知らなかった「閉ざされた窓」が開きます。「あなたがそういうなら、こんなことも考えられるのでは」という経験はありませんか。

自分＼他人	知っている	知らない
知っている	開かれた窓	気づかない窓
知らない	隠された窓	閉ざされた窓

ジョハリの窓

- 他人のいうことを素直に聴くと開きます
- 知っていることを人に教えると開きます
- 二人が知らなかった閉ざされた窓が開きます

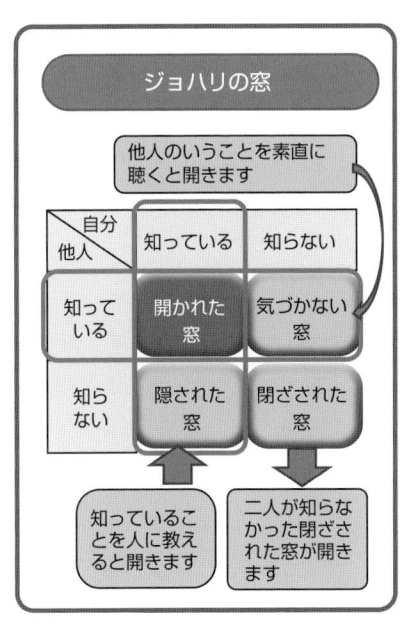

〜　まねる話　〜

　職場には、たいてい1人は報告書やメール文のとてもわかりやすい人がいる。

　先輩から送られてきた案内文を手本に、次の会議のお知らせを作成してみた。いつもより悩まず、短時間で作成できた気がする。ヌケ・モレもなく、上司にもほめられた（やったー）。

　そういえば、先週、先輩が作成したセミナーの報告書が回覧されていたな。明日の出張報告書も、それをまねて作成してみよう。

　上司の修正指示も少ないに違いない。

◎「議論発想ワークシート」でみんなでアイデアを育ててみよう

　アイデアを出すには、まず自分で考えることです。しかし、自分一人で考えていくと発想が行き詰まってきます。こんなとき、自分で考えたアイデアを人に説明し、意見を求めてみます。そうすると、自分が考えたアイデアを違う角度から見て、「こんなことも考えられるよ」という具合にいろいろな意見をいってくれます。このやり取りを「議論発想ワークシート」で活用することができます。

　「議論発想ワークシート」は、次の手順で進めます。

手順1：自分一人でアイデアを考える

　議論することによっていろいろなアイデアが出てきますが、全く何も考えずに、「なにかいいアイデアはないか」と投げかけてもなかなか出てきません。

　まずは、"たたき台"となるアイデアを自分で考えます。

手順2：自分のアイデアを説明し、みんなの意見を聞く

　このとき、アイデアを出す背景「なぜアイデアが必要なのか」ということと、対象となる事象の実態を詳しく説明します。

　人の意見が出てきたとき、否定しないようにします。「あ、それね、私も考えたのだが、どうもよくなくて」とか「もっといいアイデアを考えてよ」といった言葉は禁句です。

手順3：自分のアイデア、人のアイデアを総合的にまとめる

　今まで出てきたアイデアを全て羅列するのではなく、いろいろなアイデアをカードに書いてみます。できる限り具体的に、不明な点があれば発言者に聞き直して補足していきます。言葉に表しにくければイメージ図などを書いてください。

　カードに書き終わったら、机の上に並べて似ているもの同士をくっつけていきます。このとき、理屈でくっつけるのではなく、感覚的に近いものを一緒にしていきます。まとめられたカードをよく読んで、アイデアを具体化していきます。

　まとまれば、全体を眺めてもう一度みんなで議論します。

第20条　人の意見に悪乗りしてみよう　85

実践ワークシート10　議論発想ワークシート

| アイデアを考える対象とその背景 | 「お客様からの問い合わせに対し、適切な対応を行う」
・対応に時間がかかると、お客様の不満や苦情につながる |

手順1　自分一人でアイデアを考える

・いろいろな問い合わせに対する対応マニュアルを作成する。
・問い合わせに対するロールプレーを実施する。
・勉強会を実施する。

手順2　他人の意見・アイデア

・○○サービスセンターでは、お客様のどのような問い合わせにもうまく対応し、お客様から称賛の声をいただいていると聞いたことがある。
・今までにない問い合わせに対して、苦労して調べて、対応したプロセスをノートに記載し、そのノートはみんなが見られる場所においてあるそうだ。

手順3　議論した後にアイデアをまとめる

〈○○サービスセンターから学んだこと〉
・体験した問い合わせ事例をみんなが共有できるようになっている

〈自分たちで考えたアイデア〉
・今までにない問い合わせや特殊な内容について、カードに「問い合わせ内容」、「処理・対応」を記入し、バインダーに張りつけ、共有テーブルに常設することにした。

第21条　今は不要となった作業を　やめてみるという発想から

昔は「確かに引き落としました」という領収の手紙が来ました。

以前は、領収書を送るのが当たり前でした。

でも今は、あって困るものになっていませんか。

領収書の処分も面倒ですし、誤投函による領収明細の迷子も気になります。

個人情報の流出につながれば大変です。

ある会社では、領収明細の送付をやめました。

そして、Webでの確認に変更すれば、ポイントをつけるサービスを始めています。

逆に、紙での送付の場合は、料金を請求するところもあります。

「やめる」ことで、郵送料の削減だけでなく、お客様にも喜ばれているかもしれません。

> 仕事のやり方が変わっても続けている不要な作業を探してみよう

> 不要な作業

第21条　今は不要となった作業をやめてみるという発想から

◎ やめてみるという発想から業務を効率化してみる

　業務を効率化するには、自分の仕事を「必要な部分」と「不要な部分」とに分け、「不要な部分」をやめてみます。

　苦労している割には成果に結びつかない人がいます。その一方で、チャランポランなことをしているように見えるけれど、押さえるべき所をきちんと押さえ、成果を出している人もいます。

　効率化とは、「前向きな手抜き」を行うことです。そのうえで、真に必要な業務を追加することで、職場をより高いレベルに引き上げることができます。

　まずは、従来必要な作業であったが、システムが変わって不要になったにもかかわらず続けている作業を探し出すことです。この不要な作業を探し出せれば、やめることができます。もし、やめられなければ、作業のウエイトを減らしてみます。減らすことができなければ、作業の順番を入れ替えてみたり、作業を同時進行してみたりして、変えてみてください。効率化への検討は、「やめてみる」、「減らしてみる」、「変えてみる」の順で検討します。

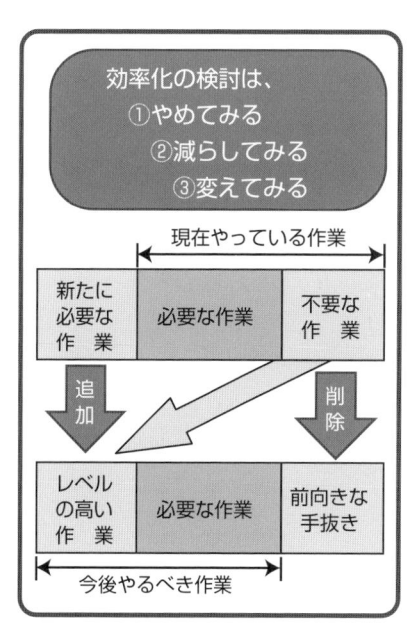

効率化の検討は、
①やめてみる
②減らしてみる
③変えてみる

現在やっている作業

新たに必要な作業	必要な作業	不要な作業
↓追加		↓削除
レベルの高い作業	必要な作業	前向きな手抜き

今後やるべき作業

～　凸凹の話　～

　自分に得意分野と苦手分野があるように、他人にも得意分野と苦手分野がある。そして、自分の苦手分野が他人の得意分野だったりする。逆もしかり。

　オールマイティになるべくがんばるのも一つだが、自分の得意分野を求めてくれる人、自分の苦手分野を助けてくれる人とタッグを組んだら、鬼に金棒。自分が四苦八苦する以上に、すばらしい結果が生まれ、その時間を得意分野を活かすことに使える。弱みを強みにしてくれる人を見つけるのも、強みの一つだ。

◎「工程分析ワークシート」で効率化を検討してみよう

「工程分析ワークシート」は、作業手順を書き出し、作業ごとに「作業の目的」、「所要時間」を書き、「ムダ・非効率と感じる問題点」を探るワークシートです。

「工程分析ワークシート」で問題点を引き出す手順は、次の通りです。

手順1：改善の対象となる工程を抽出する

改善の対象となる工程は、所要時間にばらつきがあったり、手直しがよく起こる工程です。また、自分たちでは気づかなくても後工程から指摘を受けるような工程にも着目します。

手順2：改善対象の工程における作業手順を書き出す

作業手順は、実際に行っている作業内容を書き出します。やり方としては、作業マニュアルなどを参考にして、まず標準作業手順を書き出します。そして、関係者が集まり、実際に行っている作業内容に変更・追加していきます。

手順3：「何のためにこの作業を行うのか？」と作業の目的を書く

作業ごとに、「この作業、何のために行っているのか」と問いかけます。改めて考えると、作業によっては、「？？？」と悩んでしまうものもあります。

手順4：所要時間を把握する

所要時間は、平均値だけでなく、最小所要時間と最大所要時間を測定します。また、データ数が多くあれば、標準偏差を計算します。

手順5：ムダ・非効率と感じている問題点を書き出す

作業手順や作業目的に重複がないか、ムダが潜んでいないかを探してみます。所要時間の最大と最小の差が大きい作業も注目すべきところです。

手順6：問題点から改善すべき項目を抽出する

作業項目ごとに、目的と所要時間から問題点を考えます。

検討するポイントとして、作業項目別の所要時間をパレート図に表すと、時間の多くかかっている作業がわかります。また、所要時間の最大と最小の差が大きな時間をヒストグラムに表すと、ばらつきがわかります。

それらの問題点から、改善すべき項目を抽出します。

第21条　今は不要となった作業をやめてみるという発想から　　89

実践ワークシート11　　工程分析ワークシート

分析対象工程名	○○組立工程 **手順1**		取り上げる理由	設備を入れ替えた後、作業に手間取り、時間がかかるようになった			

作業項目	目的	所要時間			問題点	要改善
		最小	平均	最大		
① 作業内容確認	・作業ミスの防止	8	10	15		
② 工具確認	・必要工具の確認	5	15	30	・ばらつきが大きい	○
③ 作業場所移動	・所定の位置に行く	5	10	15	・移動に時間がかかっている	◎
④ 機械投入	・作業を開始する	4	5	7		
⑤ 材料設置	・製品を作る	22	25	28	・平均時間が長い	○
…	…	…	…	…		

手順2　**手順3**　**手順4**　**手順5**

所要時間の実態（グラフ）	所要時間のヒストグラム／作業別時間のパレート図	問題点 **手順6** ・工程全体では所要時間がばらついている ・作業別に層別すると、移動時間が多くかかっており、ばらつきも大きい

第22条　プランを立てたらやってみよう、文句はそれから

計画を立てるのは好きだが、いざ実施の段階になると「誰がやるんだ？」「この件はあの部門がやるべきであって、われわれがやるのは筋違いだ！」こんな会話がたびたび聞こえてきます。

やりたいことがあるなら、自分が進んでやってみてはどうでしょうか。

「わが社は、PP（プランプラン）しているよ」計画を立てるのはうまいが、実行することが少ない。

やる前に文句が多い。

たとえ実行しても、やりっぱなしが多い。

やると決めた対策、まずはやってみよう。

対策を実行した後で、文句（評価）をいってみよう。

まずは自分でやってみましょう

P D A C

◎ 対策のPDCAを回し、よい対策に仕上げよう

　対策実行の基本は、まずやってみること。そのために、誰が(Who)、いつ(When)、なにを(What)、どこで(Where)、なぜ(Why)、どのように(How)、と5W1Hで実行計画書を作ります。

　対策を実行した後、対策ごとに「成果」と「問題点」を抽出します。もし、問題点があるならば、対策の修正や改良を行って、再度実行します。これを「対策実行のPDCAを回す」といいます。PDCAとは、P(計画)→D(実行)→C(評価)→A(処置)のサイクルを順次回していくことです。

　PDCAサイクルで見つけた問題点を順次つぶしながら、成果に結びつけていきます。その結果、成果のあった対策を継続していくよう標準化へとつなげていきます。ただし、どうしても成果の出ない対策があったときは、思い切ってその対策をやめてしまうということも必要です。

　対策の実用化に向けては、まず、やると決めた対策を確実に実行することが大切です。その後、最初に設定した目標が達成できたかどうかを評価します。

対策のPDCAを回す
- A 処置：問題点があれば改良
- P 計画：実施計画は5W1Hで作成
- D 実行：計画通り対策を実行
- C 評価：成果と問題点を把握

→ 標準化

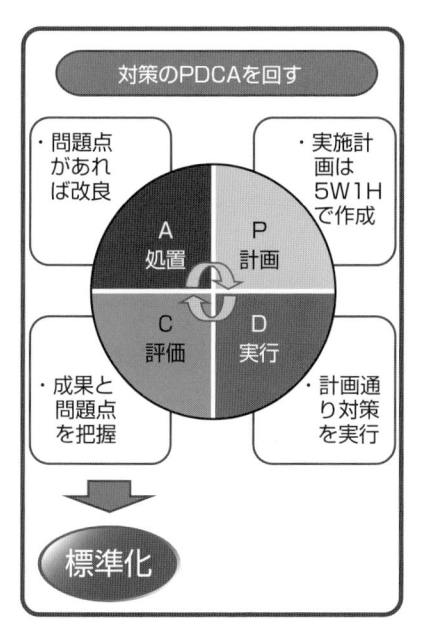

〜 異動の話 〜

　仕事が変わるということは、大変なことだ。同じ職場でも、隣の係に移るだけでも、上司が変わり、同僚が変わり、雰囲気が変わる。

　まして勤務地が変わる、仕事の内容が変わるとなれば、知らない人と知らないことだらけだ。上司や同僚は快く迎えてくれるだろうか、仕事はうまくこなしていけるだろうか、不安もいっぱいだ。

　でも、それだけ新しい発見や出会いもある。仕事の厚みも増すし、ネットワークも広がる。異動も悪くない。

◎「対策PDCAワークシート」でよい対策に仕上げてみよう

　改善策を立案してみたものの、なかなかうまくいかないことがあります。こんなときは、「対策PDCAワークシート」を使って、対策の問題点を一つひとつクリアしながら進めていきます。その手順は、次の通りです。

手順1：対策の「ねらい」と「問題点」を明らかにする

　対策のねらいと問題点を具体的に記入します。問題点は、数値データで表し、目標値を設定します。

手順2：「P(計画)」対策を具体的に実行する計画を作成する

- 実施要領を作成する。
- 必要に応じて、イメージ図やシステム図を作成する。
- 予定表(誰が、いつ、どのように)を作成する。

手順3：「D(実施)」計画通り対策を実行する

- 対策の進捗管理を十分に行う。
- 成果と問題点を記録していく。

手順4：「C(評価)」試行した対策の成果と問題点を把握する

- 対策の成果と問題点を把握する。
- 本来の目的である目標値の達成度を確認する。

手順5：「A(処置)」成果をまとめ、問題点は改善する

- 問題点のある対策は、改良案を検討し、再試行する。
- 成果のあった対策は、標準化の準備をする。

手順6：目標値の達成度をグラフで確認する

- 管理項目と水準を設定し、目標の達成度を評価する。

　目標が達成するまで、以上の手順2～手順6を繰り返して行います。

手順7：全体の評価を行う

　個々の問題点がなくなれば、当初設定した「ねらい」が達成したのかを評価します。具体的には問題点として挙げた数値がどれほどよくなったのかということと、目標値が達成できたのかどうかの評価を行います。

　また、成果のあった対策は、継続していくよう標準化を行います。

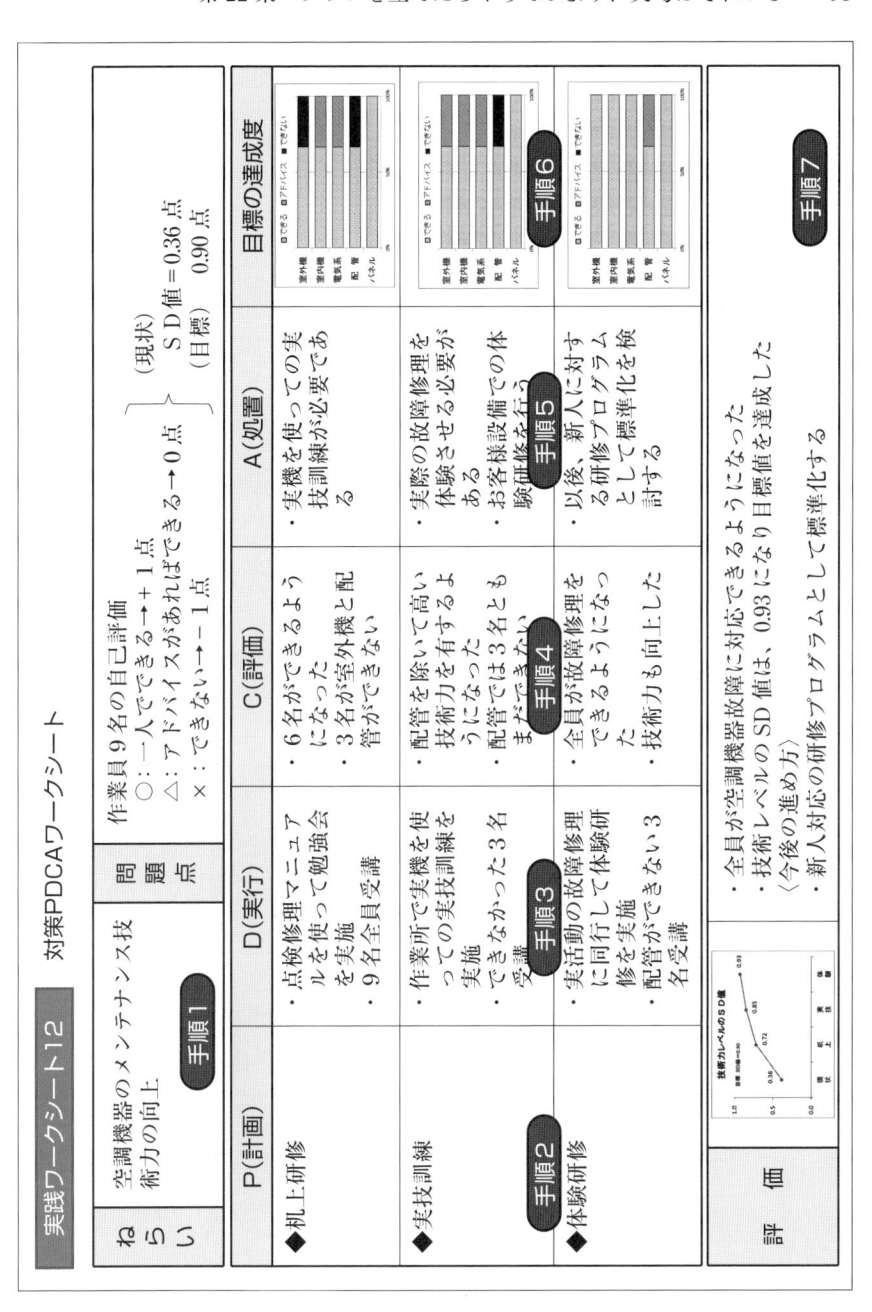

第22条 プランを立てたらやってみよう、文句はそれから　93

実践ワークシート12　対策PDCAワークシート

ねらい	空調機器のメンテナンス技術力の向上	問題点	作業員9名の自己評価 ○：一人でできる→＋1点 △：アドバイスがあればできる→0点 ×：できない→－1点	（現状）SD値＝0.36点 （目標）0.90点

手順1

P(計画)	D(実行)	C(評価)	A(処置)	目標の達成度
◆机上研修	・点検修理マニュアルを使って勉強会を実施 ・9名全員受講	・6名ができるようになった ・3名が室外機と配管ができない	・実機を使っての実技訓練が必要である	(グラフ)
	手順2			
◆実技訓練	・作業所で実機を使っての実技訓練を実施 ・受講できなかった3名受講	・配管を除いて高い技術力を有するようになった ・配管では3名ともまだできない	・実際の故障修理を体験させる必要がある ・お客様設備での体験研修を行う	(グラフ)
	手順3	**手順4**	**手順5**	**手順6**
◆体験研修	・実活動の故障修理に同行して体験研修を実施 ・配管ができない3名受講	・全員が故障修理をできるようになった ・技術力も向上した	・以後、新人に対する研修プログラムとして標準化を検討する	(グラフ)

評価	・全員が空調機器故障に対応できるようになった ・技術力レベルのSD値は、0.93になり目標値を達成した 〈今後の進め方〉 ・新人対応の研修プログラムとして標準化する	**手順7**

(技術力レベルのSD値グラフ)

第23条　見せかけの効果にだまされないように、何がよくなったのか

改善活動の報文集のコスト低減額をすべて合計すると、全社で数十億円、いやもっとかな。

でも実際には、………。疑問。

工程の削減を行いました。

「○人日減、金額に換算すれば、○百万円なり」

でも、人件費も時間外も減っていない。

また、こんなこともあります。

対象となる業務は効率化されたが、他部門の業務が従来より増えました。

さらに、時間の短縮は図れたが、お客様の苦情が増えた……

その仕事全体で効果があったのか、トータルで見てみましょう。

さらに、副作用がなかったのかどうかのチェックも忘れずに。

きっと、どこかに真の効果が潜んでいます。

本当の効果はなんだろう？

◎ 活動の結果は目標達成と業績への寄与を確認してみよう

　効果の確認は、当初抽出された問題がどうなったのかを確認することであり、目標値が達成できたのかどうかを確認します。これを「アウトプット評価」といいます。このとき、当初に把握したグラフやパレート図などを改善後の結果と比較します。改善前から改善後まで延長した折れ線グラフや、改善前と後のパレート図を横に並べるなどして、効果を視覚的に見えるようにします。

　また、対策の実施によって、本来の意図とした目的は達成したものの、他の悪影響が出ることが予測される場合、その発生を事前に防止することも考えておきます。例えば、コスト低減や業務効率化などに取り組んだ場合には、品質や安全の低下が発生しないかなどの検討を行っておく必要があります。このとき、不具合を事前に予測するFMEAなどが活用できます。

　対策を実施することによって、業績にどれほど寄与しているのかを評価しておくことも重要です。業績評価とは、お客様満足度、社員満足度、売上高、利益などであり、これらへの寄与を評価することを「アウトカム評価」といいます。

~　言葉の話　~

　インターネット、電子辞書、自動翻訳機、便利な機械がどんどん増えて、瞬時に回答が得られる昨今。分厚い国語辞典や英和辞典を使う人は少なくなった。

　面倒くさいと思った辞書引きも、調べた言葉の近くにある慣用句や類義語、他の使い方やことわざなどを見るのは楽しかった。調べた言葉よりそれ以外の方を覚えていたり。

　言葉は変化する。今では本来の意味と違った使い方をしているものもある。言葉の"裏側"は結構面白い。

◎ Excel 解析 8.「重回帰分析」

2つ以上の要因から結果を予測するのが重回帰分析です。この手法を活用すると、改善活動の結果がどれほど業績に寄与しているかを見ることができます。ここでは、ダイエット効果を食事量と運動量で予測する方法を考えてみましょう。

Excel で重回帰分析を行う手順は、次の通りです。

手順1：データは、結果と要因のマトリックス・データ表を用意する
手順2：Excel の「データ」タブ→「データ分析」で分析ツールを起動する
手順3：「分析ツール(A)」画面の「回帰分析」を選択する
手順4：「回帰分析」に諸元を入力する

　入力①　入力 Y 範囲(Y)：結果データをラベルも含めて入力します。
　入力②　入力 X 範囲(X)：要因データをラベルも含めて入力します。
　入力③　「ラベル(L)」：チェックマークを入力します。
　入力④　「有意水準(O)」：特に指定がない場合は、そのままにします。
　入力⑤　出力先(O)：結果を出力する「左上のセル」を入力します。

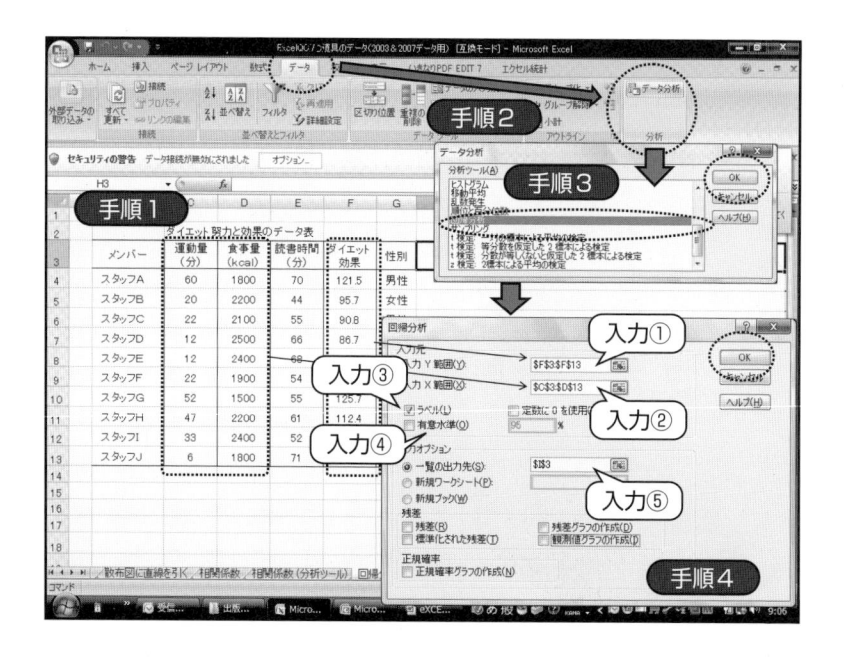

◎ 重回帰分析の結果から読み取れること

まず、回帰統計の中の「補正 R2 ＝ 0.90326788」を見てみましょう。この値は「自由度調整済寄与率」といって、結果である「ダイエット効果」を、「食事量」と「運動量」で 90.3％ 説明できることになります。

分散分析表の中で「有意 F ＝ 0.0001193」を見てみると、有意 F ＜ 0.05 なら有意水準 5％ で有意であり、計算された重回帰式が成立することになります。

以上の検討結果から、最後の「係数」欄の数値で重回帰式ができます。

ダイエット効果＝121.93549 － 0.016148×食事量＋0.5182831×運動量

その結果、食事量と運動量からダイエット効果が予測できます。

なお、回帰係数が出力された右側に「t」値があります。この値が小さい(t ＜ 1.414)とこの回帰係数は意味がなくなりますので、要因として採用するかどうかを検討する必要があります。

この解析を活用して、対策の実施項目(食事量と運動量)を要因に設定し、業績(ダイエット効果)を結果としたマトリックス・データ表を作れば、業績への影響度を算出することができます。結果の値の予測ではなく、影響度合いを見るときは、データを標準化(平均値 0、標準偏差 1)し、単位を揃えて重回帰分析を行い、標準偏回帰係数を求めます。

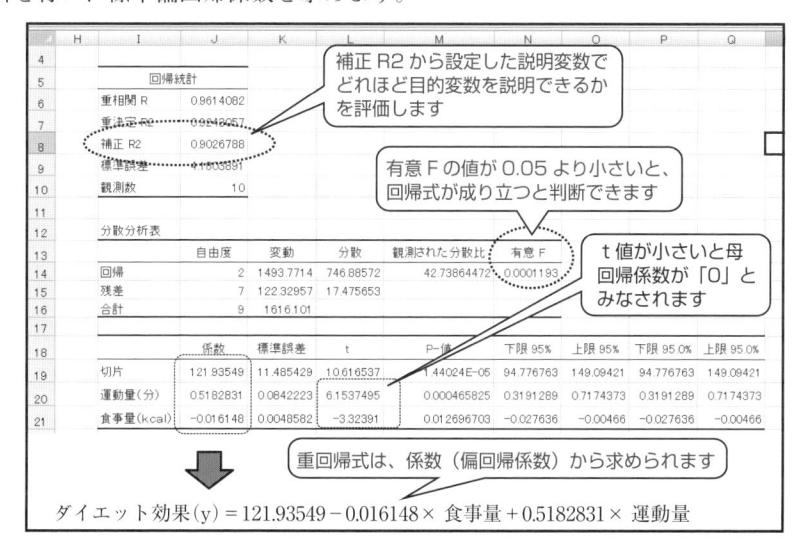

回帰統計		
重相関 R	0.9614082	
重決定 R2	0.9246057	
補正 R2	0.9026788	
標準誤差	4.1805887	
観測数	10	

補正 R2 から設定した説明変数でどれほど目的変数を説明できるかを評価します

分散分析表

	自由度	変動	分散	観測された分散比	有意 F
回帰	2	1493.7714	746.88572	42.73864472	0.0001193
残差	7	122.32957	17.475653		
合計	9	1616.101			

有意 F の値が 0.05 より小さいと、回帰式が成り立つと判断できます

	係数	標準誤差	t	P-値	下限 95％	上限 95％	下限 95.0％	上限 95.0％
切片	121.93549	11.485429	10.616537	1.44024E-05	94.776763	149.09421	94.776763	149.09421
運動量(分)	0.5182831	0.0842223	6.1537495	0.000465825	0.3191289	0.7174373	0.3191289	0.7174373
食事量(kcal)	-0.016148	0.0048582	-3.32391	0.012696703	-0.027636	-0.00466	-0.027636	-0.00466

t 値が小さいと母回帰係数が「0」とみなされます

重回帰式は、係数(偏回帰係数)から求められます

ダイエット効果(y) = 121.93549 － 0.016148× 食事量 + 0.5182831× 運動量

第24条　楽しませるプレゼンテーションがうける

改善活動の発表資料を作ることや、発表をすることは、一種のプレゼンテーションです。

プレゼンテーションは、マニュアル通りでは面白くないし、聞く人の心をとらえることはできません。

テーマに即して、改善活動を説明することが一番ですが、ネライは論理性と情緒性のうまいハーモニーです。

論理的な筋道を立てたプレゼンテーションは、確かにわかりやすいけれど、それだけでプレゼンテーションを楽しむのは難しいものです。

その企画・提案が、どれだけ会社に利益をもたらすか、同時に、その企画・提案をどれだけ楽しめるか、という2つの要素が必要です。

> 楽しいプレゼンテーションがみんなに受ける

第24条　楽しませるプレゼンテーションがうける　　99

◎ 見せる資料を作り、話し方を工夫してみよう

　改善活動の成果を発表する目的は、自分たちの活動の成果を上司や関係部署へ正しく報告し、評価を得て、対策の実用化に向けて協力体制を取ることです。そのために、表現力を身につけ、プレゼンテーションを通じ、お互いに勉強し啓発することで、今後の財産とします。

　よい発表にするためのポイントとしては、まず、第三者を想定した資料を作ります。内容は、実施した事項の紹介に留まらず、そこへ至ったプロセスを盛り込み、伝えたいことに重点を絞ります。

　資料は「見える化」します。そのために、タイトルは、一読で納得するような表現にします。文章やコメントは、できる限り箇条書きにして「名文より明文」、つまり具体的に書きます。

　図表は、ビジュアル化に気を配ります。文章ではわかりづらい仕事の内容や不良状態の解説などは、できるだけイラストや写真などで表現してみることです。そのうえで、キャラクターなどを取り入れるとよいでしょう。

```
見せる資料を作る
① 簡潔に
② 的確に
③ 統一する
④ 「である」調で
```

```
話し方を工夫する
① わかりやすく
② 簡潔に
③ 印象深く
```

～　はじめての話　～

　今度の発表会で発表者に決まった。先輩みたいにうまくできないし、K君みたいに堂々とできないし、そもそも人前でしゃべったことないし、そういうの苦手だし。憂鬱顔で過ごしていると、先輩が話しかけてきた。

　「私も一番最初のときは足はガクガク、頭まっ白、大失敗のプレゼンだったわ」

　どんなにベテランでも"はじめて"がある。うまくいくとは限らない。最初の失敗を次にどうつなげるか。何よりのアドバイスだった。

◎ よいプレゼンテーション(発表)とは

発表のねらいは、次の3つです。

① **活動の成果を関係者へ正しく報告し、評価を得る**

みんなで苦労して取り組んだ活動です。結果がよくても悪くても、正しく報告し、評価を得ます。

② **活動をまとめる事も1つの勉強である**

資料を作成する事で、進め方の問題点や、手法の細かな事項が見えてきます。資料を積極的に作成し、活動の進め方、手法の使い方などのノウハウを身に付けるようにします。

③ **表現力を身につける**

自分のいいたい事、わかって欲しい事を、どうすればうまく表現出来るだろうか? 資料を作成する事で、表現力が身につきます。

また、よい発表を行うには、次のようなポイントがあります。

Point 1:聞く人に消化不良を起させない、わかりやすい発表

説明の内容が容易に理解できる発表であること。例えば、「だからこうした」と話の前後につながりのある内容(仮説→検証)で説明します。

Point 2:聞く人に感動を与えられる発表

聞いている人たちが、「なるほど」と思える発表であること。そのために、苦労点、創意工夫点、粘り強く取り組んだ様子などを発表内容に取り入れます。

Point 3:第三者を想定した資料作り

普段当たり前のように使っている専門用語は、一般的な言葉に置き換えます。ステップ間のつながりを明確にします。情報は必要最小限に抑え、実施した事項の紹介に留まらず、そこへ至った経緯(プロセス)を盛り込みます。

Point 4:何を伝えたいのか、重点を絞る

当事者は多くを知るために、これもあれもと発表に盛り込む傾向にあります。限られたスペースや時間の中で伝えたい事を整理し、必要な情報だけを発表に盛り込みます。

第24条　楽しませるプレゼンテーションがうける　　101

◎ 見せる資料を作ってみよう

　凝った発表資料を作る必要はありません。相手に意図が的確に伝わるように具体的な表現にします。さらに、聞いている人たちが理解しやすいようにビジュアル化することも大切です。発表資料の作成ポイントは、次の通りです。

Point 1：タイトルは具体的に書きます。
Point 2：文章なら、一文の長さは40字以内の短文にします。項目が分かれるときは箇条書きにします。
Point 3：キーワードはお勧めですが、専門用語や業界用語は避けます。専門用語を使用する場合は、注釈を入れるなどしてわかりやすくします。
Point 4：用語は統一します（分析と解析、方策と対策など）。
Point 5：文章の語尾は、「〜である調」で統一します。
Point 6：パワーポイントの資料なら、タイトルは30ポイント、文字は20ポイントのゴシック体が見やすいです。1枚の資料に1つの情報とします。

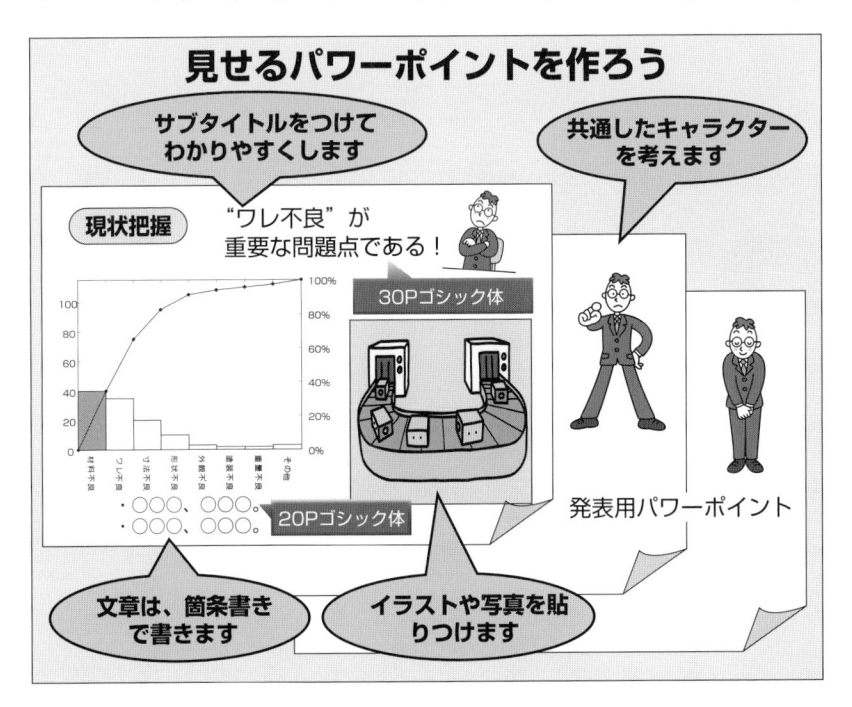

第25条　改善事例発表会で、何か発言していますか

発表会などで、質問時間になると、とたんに下を向いてしまう。または、発表資料をぺらぺらとめくって探し始めます。こんな行為をしていませんか。

質問でなくてもいいのです。

せっかく聞きに来たのですから、何か一言発言してみてはどうでしょうか。

例えば、「すごいパワーポイントですね、何MBあるのですか？」「20MBあります」、「よかったです。感動しました」なんて感想でもいいです。

これは、ある大企業の副社長のコメントです。発表者は、そんなコメントでもうれしいものです。なにもないと、非常にさみしいものです。

これからのあなた、発表会に参加したら、発表中に、何か一言、発言する内容を考えておいてください。

でも、「今から5つの質問をします」は発表者を困らせるだけです。

> 発言する内容を1つ考えましょう

◎ 発表会ではなにか1つ発言をしてみよう

　発表会でほめるべき活動は、第一に、すばらしい成果を上げた活動であり、第二に、成果は見えにくくとも、まじめに活動を続けたものです。間違っても、発表前の1～2週間程度でまとめ上げた、活動も特にやっていないものをほめないようにします。

　ほめるときは、「ここの、この手法の、この使い方がよい」とか、「このプロセスは、他にこのようなところの参考になる」など、具体的にいうことが大切です。指導するときは、「この手法は、こうすればよいのではないか」、「このようなやり方や手法を使ってみてはどうか」など、前向きな内容にします。

　発表会などで、「質問はないですか？」と司会者がいった途端、下を向いて、発表資料をめくって発言する内容を探し回っている人たちがいます。今まで発表してくれたときになにを聞いていたのか、発表者に対して失礼だと思いませんか。聞く側として、事前に資料に目を通し、発表時に内容を確認するぐらいの気持ちで発表会に臨んでほしいものです。

図：発表を聞く姿勢
- 事前に配布資料に目を通す
- 発表中に発言内容を考える
- 発表に特に力を入れているところに気づく
→ 発言

～　上司の話　その2　～

　新入社員の頃、他課へ提出する書類の承認を得るため、課長に説明したところ、「これは何のために、何にもとづいて提出するの？」と尋ねられた。

　先輩にいわれた通りに作った書類、返答に困っていると、課長は机の横に置いてあった規定集を取り出し、ぱらぱらとめくって「ここに書いてあるから勉強するように」といわれた。

　規定集？ 何のため？ 何にもとづく？ 当時の私にはハテナがいっぱいだったが、仕事に対する姿勢を教えられた気がした。

◎ あなたは、よき管理者ですか

発表会で、こんな発言をすると、発表者から好感が得られます。

1) 発表者が自慢したいところを質問してみる

自慢したいところは、発表者が得意になって説明しているところであり、発表を聞いているとわかるものです。

2) ほめるところを探す

「この手法の使い方がいいですね。どんな勉強をしたのですか？」などと、問うてみるのもいいです。間違っても、「…と…の数値が合わないのですが、なぜですか？」などの、野暮な質問は避けた方がいいです。

3) プレゼンテーションをほめる

発表の態度、話し方、演出の仕方、資料のまとめ方、などいろいろあります。

さて、あなたは次の質問に「No」がいくつありますか。「Yes」となった項目を振り返ってみてください。

よき管理者かどうかのチェック表

次の質問に、あなた自身を評価して、当てはまれば「Yes」、当てはまらなければ「No」に「○」印をつけてください。

No.	チェック内容	回答		
1	グループや活動に無理な発言をする	Yes	or	No
2	細かいことにいちいち口を出す	Yes	or	No
3	思いつきで、その場限りのアドバイスをする	Yes	or	No
4	改善提案内容にすぐケチをつける	Yes	or	No
5	活動の成果だけを気にする	Yes	or	No
6	自分の職場のかっこ、見せかけだけつけようとする	Yes	or	No
7	発表会や発表準備だけ出てきてかき回す	Yes	or	No
8	発表会に遅れてくる、途中退場する、居眠りする	Yes	or	No

◎ 上手な話し方を学ぼう

"想い"を相手に伝えるには、ゆっくり、はっきりと話すことが基本です。上手な話し方として、次の3つがあります。

① 内容を具体的にわかりやすく話す。
② 絞り込んだ内容を簡潔に話す。
③ 意欲のあふれる内容を印象深く話す。

1) 聞く人たちに注目される発表者の姿勢

姿勢は、両足に重心をかけ、視線は一人ひとりと話しをするように、聞いている人たちの目を見て話します。手は、必要があればジェスチャー、用がなければまっすぐにします。手をポケットに入れる、ハンカチを手に持って汗をしきりに拭くようなことは慎んだ方がいいです。

2) 話すスピード

話すスピードは、1分間に270～300字です。300字の作文を書いて、1分間で読んでみます。1分で読み終えられなければ、少し早めてみます。早く終わるようなら、句読点で少し間を開けて話すように練習してみてください。

3) 大勢の前であがってしまったら

大勢の前であがってしまったら、まず、聴衆から目を外すことです。例えば、スクリーンに向かって深呼吸をしてみます。少し落ち着いたら、前を向いて話し始めます。

4) 質問に対する的確な回答

聞いている人たちからの質問に対しては、簡潔にわかりやすく答えるのがコツです。自分で答えきれない質問に対しては、「わかりません」といえるだけの自信を持ってほしいものです。全ての質問に答えようとして、いい加減な回答をすることの方が問題です。その場で答えられなければ、必ず後日に回答しておいてください。

第26条　使いにくいマニュアルなら作らない方がいい

無理してマニュアルを作る必要はありません。このやり方はどうしてもみんなに実行してもらった方がいい、と思われるものだけをマニュアル化したらいいのです。

そんなマニュアルも、「1．はじめに……」から始まる、形式ばった従来のマニュアル、誰が読むのか。

あなた読みます？

パソコンを買ったときのマニュアル、最初から最後まで読んだことありますか。

それより、本屋の店頭に置いてある「図解……」「誰でもわかる……」を買ってきませんか。

読むマニュアルから見るマニュアルへ、図解、イラスト、ポイント、……が適度に散らばったマニュアル。

次にマニュアルを作るとき、考えてみてください。

読むマニュアルから見るマニュアルへ！

第 26 条　使いにくいマニュアルなら作らない方がいい　　107

◎ 誰でもがわかるマニュアルを作ってみよう

　マニュアルは、誰にでもわかりやすく、見やすいものでなければなりません。そのため、関係者が決められた内容を技術的、業務的に実行できることが必要です。

　さらに、使用する人たちを含めて関係者の合意がなされており、遵守しなければならないという権威づけが必要です。社外基準や法律などと整合が取れていることはもちろんですが、他の標準と整合が取れていることも必要です。

　記載の表現は、文章、図、表、写真などによって初心者にもわかりやすくされており、内容の解説や使用方法について、常に関係者に周知されている必要があります。また、必要に応じて新人への教育や訓練を定期的に行うなど、常に標準の内容を関係する人たちが知っておくような仕組みを作っておきます。

　運用上では、常に現状に即した内容に維持・管理がされており、仕事を進めていく上で、異常が発生したときの対処方法が明記されていることも忘れてはなりません。

・誰もが実行できる
・内容が周知されている
・常に標準が維持管理できている
・異常時の対処方法が明確である
・他の標準と整合が取れている
・社外規格との整合が取れている

〜　マニュアルの話　〜

　一番身近なマニュアルは、自分のメモ書きノートだ。気をつけることや先輩からのアドバイス、文字だったり、イラストだったりコピーだったり。説明を受けながら書き漏らさないように書いたものは、時々自分で見ても読めないぐらいぐちゃぐちゃだ。でも、ノウハウの宝物。

　仕事の隙間時間を見つけてちゃんとまとめたり、自分で失敗したことや、思ったこと、感じたことを書き込めば、立派なマニュアルになる。体裁と分厚さは、中身に比例するとは限らない。

◎ 読むマニュアルから、見るマニュアルを考えてみよう

　誰もが見やすいマニュアルなら、決めたことが守られます。そのためには、読むマニュアルから見るマニュアルへ工夫することです。見るマニュアルのポイントは、次の通りです。

Point 1：一字一句読まなくても見ればわかる

　作業マニュアルは、文字が多いと読んでもらえないものです。そこで、写真やイラストを入れ、品質・安全面・作業面などの急所を押さえて、ひと目でわかる工夫をすれば、初めて見る人でもすぐに理解することができます。

Point 2：「なぜそうなるのか？」がわかれば守れる

　マニュアルに、手順と作業の急所に加え、「なぜ守らなければならないのか？」、「守らないとどうなるのか？」を安全・品質・やりやすさの観点から、説明を図解や写真で加えておきます。

　いろいろ工夫した見るマニュアルには、次のようなものがあります。

その①：コピーの際、拡大や縮小後、設定を元に戻さない人が多くいました。そこで、「使用後はオールクリアを押してください」というラベルをコピー機に貼りつけてみました。コピー使用時のマニュアルに書いても誰も見ません。

その②：職場には、同じ仕事でも4～5冊のマニュアルが存在します。慣れない人には使いにくいので、とりあえず必要なことだけを「要約版マニュアル」として、一冊にまとめてみました。

その③：受付では、お客様の目の前で対応マニュアルを見るわけにはいきません。そこで、マニュアルのポイントを書き出して、机の手前に貼ってみました。

◎ 社内標準を継続できるようにしよう

社内標準は、できるだけわかりやすく作成し、運用した結果、問題点があればその都度改定していきます。

①「P（作成）」社内標準の作成

社内標準を作成します。作成にあたっては、その商品やサービスに求められる品質や自社の技術レベル、作業者のレベル、使用される範囲などについて調査を行った上で、その社内標準を使用する関係者の立場に立って作成します。

②「D（実施）」社内標準にもとづいた作業・業務の実施

作成された社内標準にもとづいて作業方法などの教育や訓練を行い、関係者全員に社内標準の内容を周知します。その上で製造やサービスの提供などの業務を行います。

③「C（評価）」結果の確認

社内標準に従って実施した結果を確認し、よい状態か否かを確認します。この確認作業は、新たに社内標準を作成した際には必ず実施しなければなりませんが、既にある社内標準・規格についても、定期的にチェックを行います。

④「A（改訂）」社内標準の見直し

期待通りの効果が得られていなければ、その原因を調査し、社内標準を見直します。

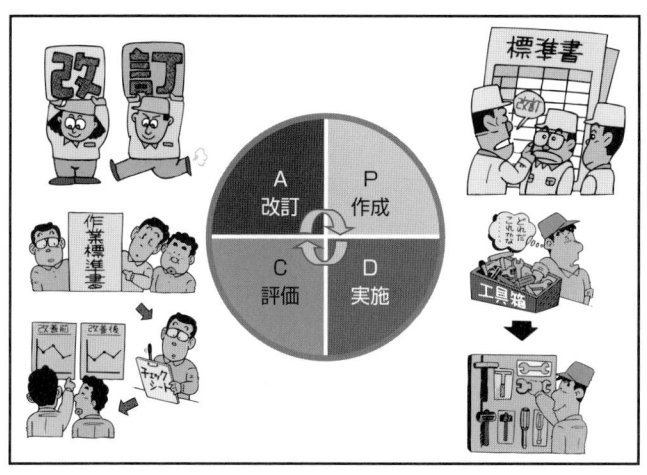

第27条　本当の改善は1年後に職場で息づいていること

「この工具使いやすいのよね」
「本当だ！　いったい誰が作ったのかなあ」
こんな会話を聞いていたこの工具を作った人、物陰でにこっとして、「私が作ったんだよ」とひとり言。
しばらくして、「あの活動どうなったのか？」と聞いてみたら、資料が倉庫から出てきました。
発表会が終われば、すべてが完了、とばかりに終えてしまう「改善活動」。
本当の改善は、仕事に役立ててこそ本物。たくさんの対策は不要です。

たった1つの工具、マニュアル、帳票、勉強会が、1年後に職場で息づいていること。
周りのみんなが「これいいよね」と使い続けるものに、仕上げることです。

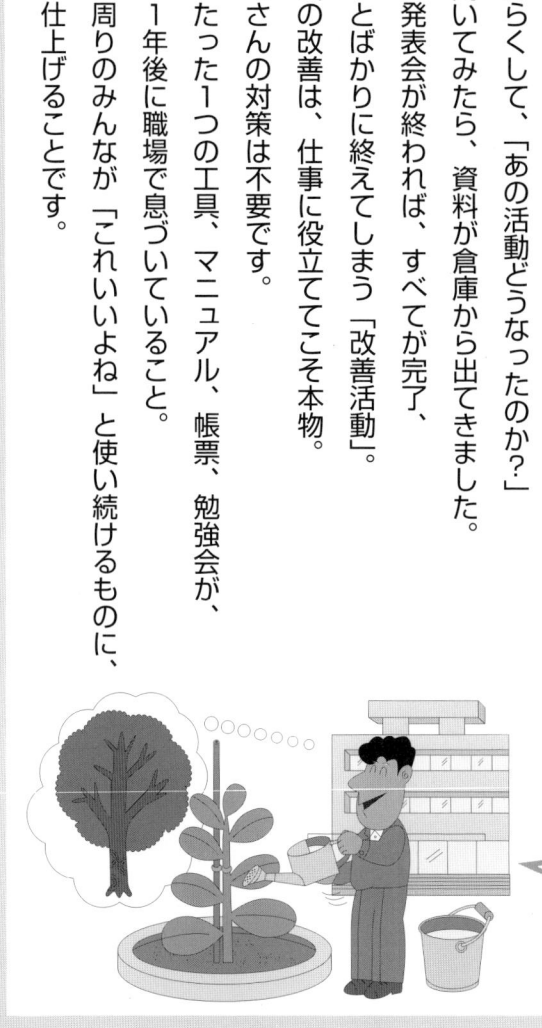

職場で息づく
よい対策に育ててみよう

◎ よい対策を業務に活かしていく

　効果のあった対策を日常業務のルールの中に組み込み、効果が継続されているかどうか、定期的にチェックします。そして、よい改善効果を長く持続させていくためには、教育や訓練を行い、維持管理を継続していきます。

　標準書の新設・改訂は、使う人が中心となって作成します。少なくとも「これだけは」という点のみ標準化します。

　標準化とは、文書マニュアルを作成するだけでなく、よいやり方を継続して実施していくことです。そのため、関係者に周知することや、必要に応じて教育や訓練を行うことが大切です。

　よい状態が維持できていることを確認するためには、管理特性を明確にし、管理水準と管理者を決めて、管理を行っていきます。

　よいものに仕上げて実際の業務に活かすには、対策を試行し、Q（品質）、C（コスト）、D（納期）を評価します。その結果、不具合があれば、改良を加え、みんなに受け入れられる対策に仕上げていきます。

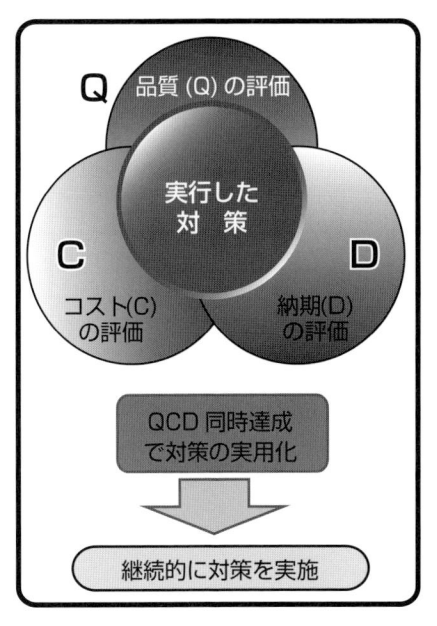

~ **感謝の話** ~

　その昔、苦労して立ち上げた企画があった。手探りの状態から始め、あちこち走り回り、何度も企画書を書き直し、悩んだり、人と相談したり、上司に怒られたりしながら、なんとか形になり、改善提案としても認められた。

　それから数年、担当者も変わり、会社の環境も変わったが、やり方と仕組みを変えて、今もその企画が細々と続いていることを、人づてに聞いた。

　応援してくれた人に感謝。

◎「アンケート解析ワークシート」でイメージを評価してみよう

　アンケートを実施する場合、まず目的を明確にします。そして、目的に合わせて、結果系質問と要因系質問の仮説を立て、アンケート用紙を作成します。
　「アンケート解析ワークシート」の実施手順は、次の通りです。
手順1：調査の目的を決める
手順2：仮説を立てて、結果系質問と要因系質問を用紙に書く
　解析では、回収されたアンケートの結果をまとめ、得られる情報を抽出します。解析にはいろいろな方法がありますので、必要な情報を得ることに合った解析方法を選択します。基本的なアンケートの解析手順は、次の通りです。
手順3：グラフから全体の姿や傾向を見る
手順4：クロス集計表から着眼点を見る
手順5：ポートフォリオ分析から重点改善項目を抽出する

アンケートの設計と解析

手順1　アンケートを行う目的と要因の仮説を検討します

手順2　アンケート用紙
★アンケートのお願い★
Q1.○○は使いやすいですか？
【はい】5 4 3 2 1【いいえ】
Q2.当社の対応は、‥‥‥
【よい】5 4 3 2 1【わるい】
Q10.○○商品に満足していますか？
【満足】5 4 3 2 1【不満足】

女性50名男性50名に聞いた結果をクロス集計してみると

平均値と重回帰分析

手順3　グラフ化

	□5	□4	□3	□2	□1
質問1	10	10	10	60	10
質問2		50		30	
質問3	30		30	20	
質問4	10	20	40	20	10

0%　20%　40%　60%　80%　100%

手順5　ポートフォリオ分析

満足度への影響度と評価の平均値との散布図から重点改善項目を導きます

（評価の平均値）SD値

重点維持項目　維持領域　サービス
重点改善項目　改善領域　表示機能

標準偏回帰係数（満足度に対する影響度合）

手順4　クロス集計

満足度	5	4	3	2	1
女性	8	20	17	3	2
男性	12	26	10	1	1

第27条　本当の改善は1年後に職場で息づいていること　　113

実践ワークシート13　アンケート解析ワークシート

アンケートの目的と対象者

目的	○○実践研修の満足度を把握する
対象者	研修受講者

アンケート質問

仮説構造図

◆要因系質問
- Q1. 研修内容は理解できたか
- Q2. テキストは見やすかったか
- Q3. 講師の話し方は聞きやすかったか
- Q4. 研修時間は適切だったか
- Q5. 演習の進め方は適切だったか

◆結果系質問
- Q6. 今回の研修は満足だったか

研修の満足度 ← 内容の理解度／教材の見やすさ／講師の話し方／研修時間の適切さ／演習の進め方

クロス集計表

データの個数／性別	研修満足 2	3	4	5	総計
女性		5	6	3	14
男性	1	2	9	4	16
総計	1	7	15	7	30

ポートフォリオ分析

研修満足度ポートフォリオ分析

SD値（平均評価点）：縦軸 2.50〜4.50
影響度（標準偏回帰係数）：横軸 0.10〜0.70

- 講師評価
- 教材評価
- 研修時間
- 演習進行
- 内容理解（右上、点線で囲まれている）

グラフ

質問別評価点の割合

■評価5　■評価4　□評価3　□評価2　□評価1

- Q6 研修満足
- Q5 演習進行
- Q4 研修時間
- Q3 講師評価
- Q2 教材評価
- Q1 内容理解

0%　　50%　　100%

考察

- 概ね満足のいく結果であったが、内容の理解度、演習の進行、研修時間の評価が低かった
- ポートフォリオ分析からも「内容の理解度」に対する改善が必要であることがわかった

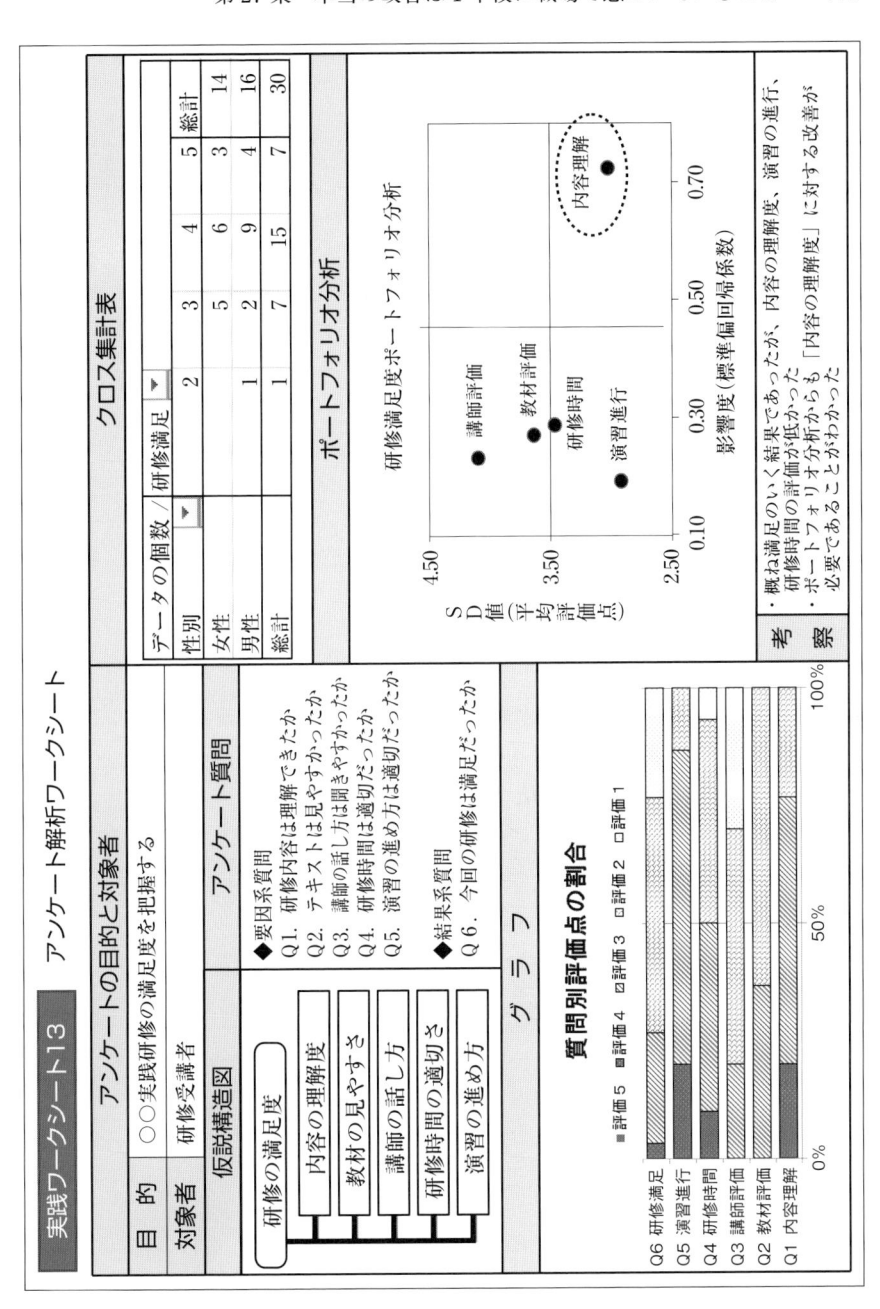

コラム3　前を向いて歩く

成功する人とそうでない人との違いは、
行動する、やり続ける、あきらめない、の差だ。

〈行動する〉
誰しもが、あれこれ思いついたり、気づいたりする。
成功する人は、気になったことがあると、書き留めたり、メモを取ったりする。
（本人曰く、よい思いつきほどすぐに忘れて、後で思い出せないそうだ）

〈やり続ける〉
具現化するための努力を惜しまない。
調べたり、人に聞いたり、調整したり、お金の工面をしたり、
誰かがやってくれる、ではなく、自分でやって、自分の目で確かめる。

〈あきらめない〉
いつも順風満帆とは限らない。
そんなときはプラスの言葉で自分を勇気づける。
大丈夫、うまくいく、ありがとう
そして、成功したときのことを思い浮かべる。

前を向いて一歩ずつ歩く。
右足を出したら、次は左足。そして、
右足を出せば、
スタート地点から三歩進むのだ。

付録

実践ワークシート

付録1. 実践ワークシート1「問題解決ワークシート」
付録2. 実践ワークシート2「日常業務問題発見ワークシート」
付録3. 実践ワークシート3「工程問題発見FMEAワークシート」
付録4. 実践ワークシート4「ISO 9001指摘問題発見ワークシート」
付録5. 実践ワークシート5「お客様視点問題発見ワークシート」
付録6. 実践ワークシート6「業務特性値設定ワークシート」
付録7. 実践ワークシート7「原因追求FTワークシート」
付録8. 実践ワークシート8「チェックリスト法発想ワークシート」
付録9. 実践ワークシート9「焦点法発想ワークシート」
付録10. 実践ワークシート10「議論発想ワークシート」
付録11. 実践ワークシート11「工程分析ワークシート」
付録12. 実践ワークシート12「対策PDCAワークシート」
付録13. 実践ワークシート13「アンケート解析ワークシート」

116　付　　録

付録1. 実践ワークシート1「問題解決ワークシート」

注）記入例は、p.12を参照

実践ワークシート1　問題解決ワークシート

所属　　　　　**氏名**

手順1. 問題や課題の抽出
目的やねらい

手順2. テーマの設定
テーマ候補
評価／総合
テーマ

背景

手順3. 問題点の明確化（現状の把握）
状況1：
状況2：
状況3：
■問題の傾向
■重要な問題点の抽出

目標の選定
何を（目標項目）
何時までに（達成時期）
どれだけ（目標値）

手順4. 原因を考える（要因の解析）
■要因の洗い出し（仮説）
主要因
眞の原因

要因の検証
検証／評価

手順5. 対策の立案と実施
■対策の立案

対策実施のPDCA
No.／P（計画）／D（実行）／C（評価）／A（処置）

手順6. 効果の確認
■目標の達成度

手順7. 試行
■波及効果など

手順8. 標準化
■標準化

付　録　117

付録2. 実践ワークシート2「日常業務問題発見ワークシート」

注）記入例は、p.43を参照

実践ワークシート2　　日常業務問題発見ワークシート

手順1：職場で「これをなんとかしたい」または「こうあればいいなあ」などを書き出してみます。

● 「これをなんとかしたい」と、困っていること

　

● 「こうあればいいなあ」と、望んでいること

　

手順2：困ったことを書いた人は「現状」に書きます。
　　　　望んでいることを書いた人は「あるべき姿」に書きます。

```
┌──────────┐
│ あるべき姿 │ ──→ ・「現状」の問題を書いた人は、
└──────────┘      「どうあればいいのか」「ある
     ↕                べき姿」をディスカッション
                      して書いてみます
           ┌──────────────┐
           │ 手順3：ギャップ（問題）│
           └──────────────┘
┌──────────┐           ↓
│   現　状  │ ──→ ┌──────────┐
└──────────┘      │ 手順4：テーマ │
                  └──────────┘
                      ・「あるべき姿」を書いた人は、
                      「それがどうなっているのか」
                      「現状」を調査して書きます
```

付録3. 実践ワークシート3「工程問題発見 FMEA ワークシート」

注）記入例は、p.47 を参照

実践ワークシート3　工程問題発見 FMEA ワークシート

取り上げる工程		所属	
取り上げる理由		氏名	

発生頻度

評価	発生頻度	基準
5	高い	頻繁に発生する
3	普通	ときどき発生する
1	低い	ほとんど発生しない

影響度

評価	影響度	基準
5	致命的	機能不全
3	普通	機能低下
1	軽微	支障なし

工程の概略図

工程		不具合	推定原因	システムへの影響			重要度評価			重要な問題
工程	作業名			起こりうる事象	製品への影響	工程への影響	発生頻度	影響度	重要度	

取り上げる問題 (What)	問題の背景や重要性

付録 4. 実践ワークシート 4「ISO 9001 指摘問題発見ワークシート」

注) 記入例は、p.50 を参照

実践ワークシート4	ISO 9001 指摘問題発見ワークシート										
ISO 9001 内部監査			問題	評価							目標
指摘事項	指摘事項の実態			業務の視点	評価点	お客様の視点	評価点	財務の視点	評価点	総合評価	
											問題

付録 5. 実践ワークシート 5「お客様視点問題発見ワークシート」

注) 記入例は、p.51 を参照

実践ワークシート 5 お客様視点問題発見ワークシート			
手順	問いかけ	具体的内容	
手順1	自分たちのお客様は誰か？		目標
手順2	お客様になにを提供すればいいのか？		
手順3	それが、今どうなっているのか？		
手順4	将来を見たとき、今なにをすべきなのか？		問題

付録6. 実践ワークシート6「業務特性値設定ワークシート」

注） 記入例は、p.63を参照

実践ワークシート6　業務特性値設定ワークシート

手順	検討事項	指標化への計算方法
手順1	対象となる仕事の目的を考えて、書き出す	
手順2	目的からキーワードを考えて、指標的表現に置き換える	
手順3	キーワードの指標的表現間の関係を式にする	
手順4	指標的表現を具体的な測定データの式で表す	
手順5	具体的に測定するデータを設定する	

付録7．実践ワークシート7「原因追求FTワークシート」

注）記入例は、p.71 を参照

実践ワークシート7 原因追求FTワークシート							
	所属		氏名				
問題点	発生している内容や状況	Why（なぜ？）検討	FT図		評価		考察
				基本事象	発生度	影響度	重要度

付録8. 実践ワークシート8「チェックリスト法発想ワークシート」

注) 記入例は、p.80 を参照

実践ワークシート8　チェックリスト法発想ワークシート

アイデアを考えるもの		
	チェックリスト	アイデア
	① 他に使い道は？	
	② 応用できないか？	
	③ 修正したら？	
	④ 拡大したら？	
	⑤ 縮小したら？	
	⑥ 代用したら？	
	⑦ アレンジしなおしたら？	
	⑧ 逆にしたら？	
	⑨ 組み合わせたら？	

付録9. 実践ワークシート9「焦点法発想ワークシート」

注）記入例は、p.81 を参照

実践ワークシート9 焦点法発想ワークシート	焦点を当てるもの	対象のアイデア							アイデアをまとめる
	アイデアを考えるもの	中間アイデア							
		焦点の特徴							

付録　125

付録10．実践ワークシート10「議論発想ワークシート」

注）記入例は、p.85 を参照

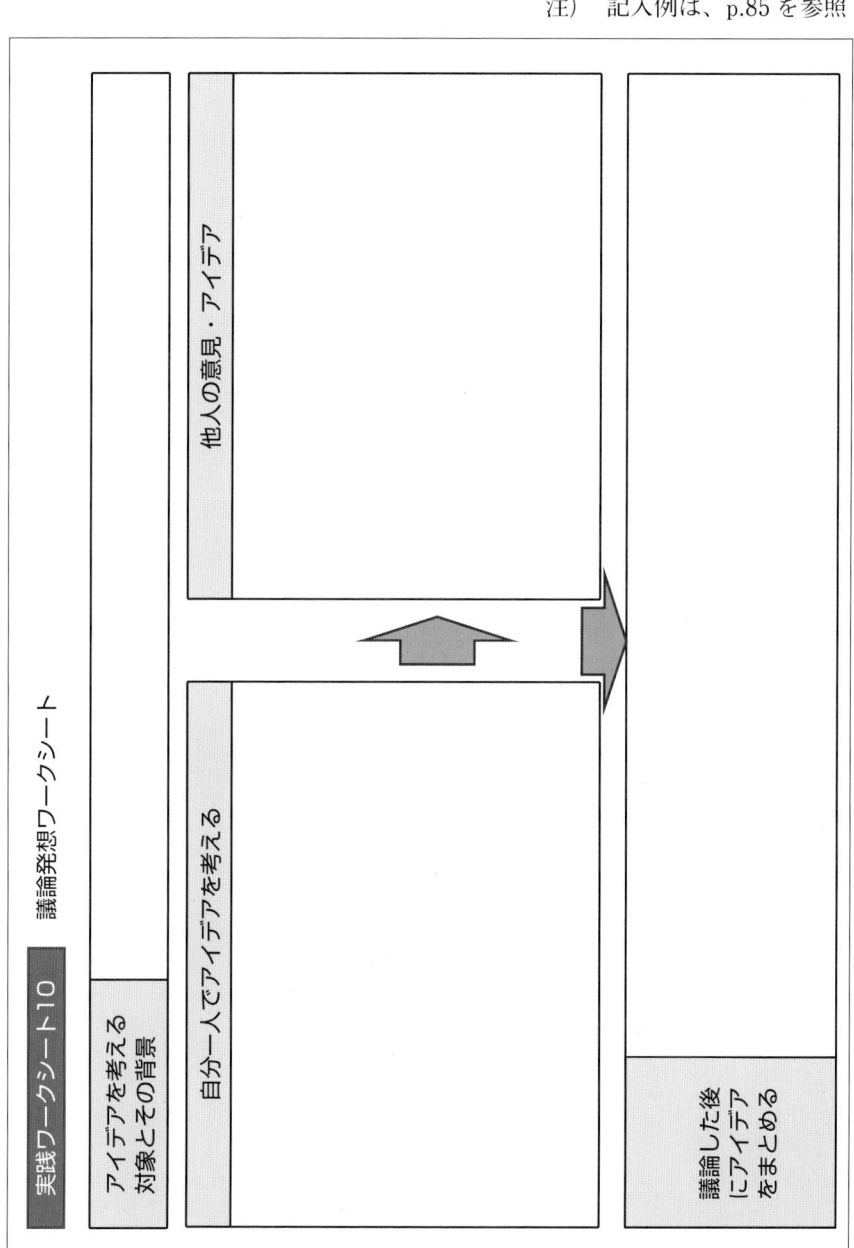

実践ワークシート10　議論発想ワークシート

アイデアを考える対象とその背景

他人の意見・アイデア

自分一人でアイデアを考える

議論した後にアイデアをまとめる

付録 11. 実践ワークシート 11「工程分析ワークシート」

注) 記入例は、p.89 を参照

実践ワークシート11	工程分析ワークシート	分析対象 工程名	取り上げる 理由	作業項目	目的	所要時間			問題点	要改善	問題点	所要時間の実態(グラフ)
						最小	平均	最大				

付録 12. 実践ワークシート 12「対策 PDCA ワークシート」

注）記入例は、p.93 を参照

ねらい	問題点	P（計画）	D（実行）	C（評価）	A（処置）	目標の達成度	評価

実践ワークシート12　対策PDCAワークシート

付録13. 実践ワークシート13「アンケート解析ワークシート」

注）記入例は、p.113を参照

実践ワークシート13 アンケート解析ワークシート	アンケートの目的と対象者		仮説構造図	アンケート質問		クロス集計表	ポートフォリオ分析	
	目的				グラフ			考察
	対象者							

●参考文献

1) 今里健一郎著「今里健一郎の生き活き改善活動あれこれ18か条」『標準化と品質管理』日本規格協会、2004.5月号～2005.10月号
2) 今里健一郎著　品質月間テキスト№341『生き活き改善活動あれこれ21か条』品質月間委員会、2005
3) 今里健一郎・森田浩著『Excelでここまでできる統計解析』日本規格協会、2007
4) 今里健一郎著『Excelで手軽にできるアンケート解析』日本規格協会、2008
5) 今里健一郎著『仕事に役立つ七つの見える化シート』日本規格協会、2010
6) 今里健一郎・佐野智子著『見える化で目標を達成する本』秀和システム、2011
7) イラストCD-ROM作成委員会編、佐々岡秀夫協力『QCサークルのためのイラスト集1(CD-ROM)』日科技連出版社、2003
8) イラストCD-ROM作成委員会編、冨田一郎協力『QCサークルのためのイラスト集2(CD-ROM)』日科技連出版社、2004
9) イラストCD-ROM作成委員会編、冨田一郎協力『QCサークルのためのイラスト集3(CD-ROM)』日科技連出版社、2005
10) イラストCD-ROM作成委員会編、巻島克行協力『QCサークルのためのイラスト集4(CD-ROM)』日科技連出版社、2006
11) イラストCD-ROM作成委員会編、巻島克行協力『QCサークルのためのイラスト集5(CD-ROM)』日科技連出版社、2006

● 索　引

■英数字■

4 M　　20，65，69
FMEA　　17，57，95
FTA　　57
FT 図　　17，69，70
IE　　57
ISO 9001 指摘問題発見ワークシート
　　50
QC 七つ道具　　57
SD 法　　61，62
VE　　57
Why（なぜ？）分析　　70

■あ　行■

アイデア　　79
アウトカム評価　　95
アウトプット評価　　95
あるべき姿　　7
アンケート解析　　57
　　──ワークシート　　112
維持活動　　3
維持管理　　111
一元配置分散分析　　66
お客様視点問題発見ワークシート　　51
オズボーンの 9 つのチェックリスト
　　80

■か　行■

回帰　　35
改善活動　　3
管理項目　　92

管理図　　35
ギャップ　　41，42
業際　　49
業務特性値　　61
業務特性値設定ワークシート　　63
議論発想ワークシート　　84
クロス集計表　　17，24，25，35，112
系統図　　35，70
原因追究 FT ワークシート　　70
検定　　35
　　──・推定　　57
工程分析ワークシート　　88
工程問題発見 FMEA ワークシート
　　46
固定観念　　79

■さ　行■

魚の目　　4，53
三現主義　　27，65
散布図　　16，54
実験計画法　　66
社内標準　　109
重回帰分析　　17，96
焦点法　　17，81
　　──発想ワークシート　　81
ジョハリの窓　　83
新 QC 七つ道具　　57
人財　　3
信頼性手法　　57
水準　　92
相関　　35

── ・回帰分析　57
層別　23
── 散布図　58

■た 行■
対策 PDCA ワークシート　92
対策の PDCA　91
チェックシート　29
チェックリスト法発想ワークシート　80
挑戦活動　3
直交配列表実験　66
統計的手法　57
特性要因図　16, 19, 20, 35, 65, 69
鳥の目　4, 53

■な 行■
二元配置分散分析　66
日常業務問題発見ワークシート　42

■は 行■
発想チェックリスト法　17
ばらつき　45, 73
パレート図　16, 32, 35, 36, 88, 95
ヒストグラム　16, 31, 35, 73, 74, 88
ピボットテーブル　24, 35
標準化　8, 92, 111
標準書　111
標準偏回帰係数　97
標準偏差　35, 73
プレゼンテーション　100
プロセス改革　57
分割法　66
分散分析　16, 35, 57, 67
平均値　35, 73
ベンチマーキング　5
ポートフォリオ分析　17, 112

■ま 行■
マーケティング分析　57
マニュアル　107, 108
見える化　27, 99
虫の目　4, 53, 65
目標　61
問題解決ワークシート　12

■ら 行■
乱塊法　66
連関図　21, 69

● 著者紹介

今里健一郎（いまざと けんいちろう）
　1972年3月、福井大学工学部電気工学科卒業
　1972年4月、関西電力株式会社入社、同社TQM推進グループ課長、能力開発センター主席講師を経て退職(2003)
　2003年7月、ケイ・イマジン設立
　2006年9月、関西大学工学部講師
　現在、ケイ・イマジン代表、近畿大学農学部講師、流通科学大学講師、財団法人日本科学技術連盟嘱託、財団法人日本規格協会嘱託
　主な著書
　『改善を見える化する技術』日科技連出版社　2007(共著)
　『Excelで手軽にできるアンケート解析』日本規格協会　2008(共著)
　『図解：QC七つ道具がよ〜くわかる本』秀和システム　2009
　『仕事に役立つ七つの見える化シート』日本規格協会　2010(共著)
　『ポケット図解：品質管理の基本がわかる本』秀和システム　2010
　『ポケット図解：見える化で目標を達成する本』秀和システム　2011(共著)

佐野智子（さの ちえこ）
　さちクリエイト代表
　主な著書
　『Excelで手軽にできるアンケート解析』日本規格協会　2008(共著)
　『仕事に役立つ七つの見える化シート』日本規格協会　2010(共著)
　『ポケット図解：見える化で目標を達成する本』秀和システム　2011(共著)

生き活き改善活動あれこれ27か条

2011年6月30日　第1刷発行

著　者　今 里 健 一 郎
　　　　佐 野 智 子
発行人　田 中　　健

検印省略

発行所　株式会社　日科技連出版社
〒151-0051　東京都渋谷区千駄ケ谷5-4-2
電話　出版　03-5379-1244
　　　営業　03-5379-1238〜9
振替口座　東京　00170-1-7309

印刷・製本　中央美術研究所

Printed in Japan

© Kenichiro Imazato, Chieko Sano 2011
ISBN 978-4-8171-9409-1

URL http://www.juse-p.co.jp/

本書の全部または一部を無断で複写複製（コピー）することは、著作権法上での例外を除き、禁じられています。